Les cahiers d'exercices ASSiMiL®

Allemand

Bettina Schödel

Collège 3e

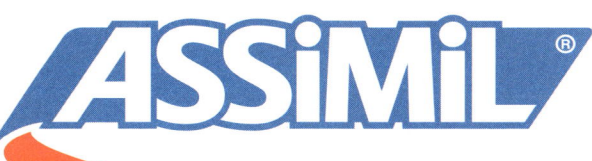

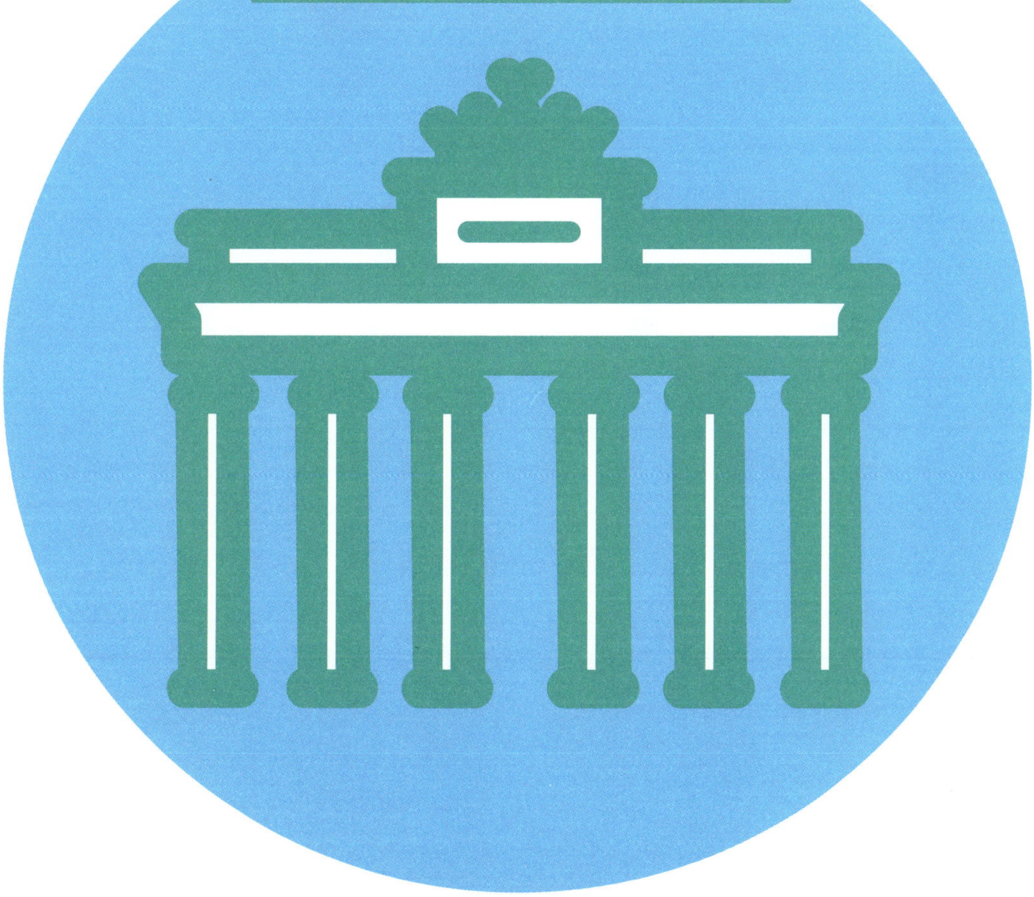

À propos de ce cahier

Tu viens de terminer la 3e et tu souhaites consolider tes connaissances en allemand. Ce cahier est là pour t'y aider. Si tu es en LV1, il te permettra de réviser les points de grammaire ainsi que le vocabulaire étudiés au cours de toutes tes années d'allemand. Si tu es en LV2, il te permettra d'aller un peu plus loin que le programme étudié jusqu'ici.

Tu commenceras par la prononciation dans le module 0, puis tu enchaîneras avec 6 modules thématiques comme Parler de ses projets professionnels ; Parler d'écologie ; Parler des médias et réseaux sociaux… Chaque module thématique est composé de plusieurs petites leçons de grammaire, de banques de mots et d'expressions courantes, de textes ou d'informations culturelles, ainsi que de nombreux exercices variés et ludiques. Le dernier module, quant à lui, le numéro 7, est entièrement consacré à la grammaire. Il reprend, approfondit et complète les points de grammaire étudiés dans les modules précédents.

Enfin, ce cahier te permettra d'effectuer ton évaluation grâce aux icônes dessinées pour chaque exercice et que tu reporteras dans le bilan final de chaque module. ☺ pour une majorité de bonnes réponses, 😐 pour environ la moitié et ☹ pour moins de la moitié.

Nous espérons que ce cahier te donnera envie de continuer à apprendre l'allemand.

À toi de jouer maintenant. **Viel Spaß!** Amuse-toi bien !

Sommaire

Module 0 : Ponctuation et prononciation 3
Module 1 : Was will ich werden? *Qu'est-ce que je veux faire plus tard ?* 11
Module 2 : Lebst du gesund? *Vis-tu sainement ?* 25
Module 3 : Wir leben im Medienzeitalter *Nous vivons à l'ère des médias* 41
Module 4 : Erzähl mal! *Raconte !* 53
Module 5 : Wir wollen die Erde retten *Nous voulons sauver la Terre* 65
Module 6 : Meine Wünsche, Träume und Glückwünsche *Mes souhaits, mes rêves et mes vœux* 81
Module 7 : Die Übung macht den Meister *C'est en forgeant que l'on devient forgeron* 93
Tableaux de déclinaison et de conjugaison 113
Solutions 124
Tableau d'autoévaluation 128

Ponctuation et prononciation

Module 0

Objectifs

- La majuscule
- La ponctuation
- Autour des voyelles **e** et **i**
- Autour du **Umlaut**
- Autour des diphtongues
- Autour du **Ach-Laut** et du **Ich-Laut**
- Autour du **s** et **ß**
- Les autres particularités phonétiques

MODULE 0 : PONCTUATION ET PRONONCIATION

La majuscule

Pour commencer, voici un rappel. En allemand, on met une majuscule à :

- tous les noms, propres ou communs. Exemple :
  Berlin – die **H**auptstadt **D**eutschlands ➜ *Berlin – la capitale d'Allemagne* ;
- tous les mots placés après un point. Exemple :
  Ich wohne in Wien. **D**as ist eine schöne Stadt ➜ *J'habite à Vienne. C'est une belle ville.*

1 Réécris les phrases en ajoutant les majuscules.

a. hallo, mein name ist lea fischer. ich bin in der 9.* (neunten) klasse.

....

b. meine kleine schwester ist für drei monate in frankreich. es gefällt ihr da sehr gut.

....

* le point derrière 9. n'est pas un point final.

La ponctuation

- Le point sert, comme en français, à terminer une phrase :
  Meine Freundin ist Italienerin. Sie kommt aus Neapel
  ➜ *Mon amie est italienne. Elle vient de Naples.*
- Le point d'interrogation sert, comme en français, à terminer une phrase interrogative :
  Wie heißt du? ➜ *Comment t'appelles-tu ?*
- Le point d'exclamation est utilisé dans les énoncés à l'impératif ou dans les énoncés exprimant un ordre / un souhait / une émotion :
  Komm rein! ➜ *Rentre !* **Viel Glück!** ➜ *Bonne chance !*
- La virgule sert, comme en français, à séparer les différents éléments d'une énumération ou à ajouter des éléments complémentaires :
  Anna, Leo, Paula und Tobias sind da
  ➜ *Anna, Léo, Paula et Tobias sont là.*
  Mein Bruder, Matthias, macht bald Abitur
  ➜ *Mon frère, Matthias, passe bientôt le bac.*

MODULE 0 : PONCTUATION ET PRONONCIATION

- La virgule est utilisée pour séparer des propositions :
  - indépendantes. Exemple :
    Wir lesen, wir spielen auch ➔ *Nous lisons, nous jouons aussi.*
  - principale/subordonnée. Exemples :
    Er hat gesagt, dass er kommt ➔ *Il a dit qu'il venait.*
    Wenn ich kann, komme ich auch ➔ *Si je peux, je viendrai aussi.*
  - principale/infinitive. Exemple :
    Ich versuche, früher zu kommen ➔ *J'essaie de venir plus tôt.*
  - principale/relative. Exemples :
    Wie heißt der erste Mensch, der auf dem Mond war
    ➔ *Comment s'appelle le premier homme qui était sur la Lune ?*
    Die erste Frau, die den Himalaya bestiegen hat, war eine Japanerin
    ➔ *La première femme qui a escaladé l'Himalaya était une Japonaise.*

2 **Ajoute la ponctuation : virgule, point, point d'interrogation ou point d'exclamation.**

a. Viel Spaß

b. Kommt schnell

c. Was ist los

d. Ich bin Montag Dienstag und Mittwoch weg

e. Sie kommt nicht weil sie krank ist

f. Neil Amstrong war der erste Mensch der auf dem Mond war

Autour des voyelles *e* et *i*

- La voyelle **e** est :
  - longue quand elle est doublée ou suivie d'un **h** et prononcée [é:] comme dans *Eh bien !* en allongeant le **e** ;
  - brève quand elle est suivie d'une double consonne ou plusieurs consonnes et prononcée [ê] comme dans *fête* ;
  - inaccentuée et légèrement prononcée [ë] quand elle est en fin de mot comme dans *œuf*.

MODULE 0 : PONCTUATION ET PRONONCIATION

- La voyelle **i** est :
  - longue quand elle est suivie d'un **e** [i:] comme dans *tea* en anglais ;
  - brève [i] quand elle n'est pas suivie d'un **e**. Le son est un mélange de [i] et [é].

3 Classe les mots en fonction de la voyelle : brève ou longue.

a. rennen, *courir*
b. nehmen, *prendre*
c. ist, *est*
d. sehen, *voir*
e. nimmt, *prend*
f. danken, *remercier*
g. haben, *avoir*
h. lieben, *aimer*

voyelle brève	voyelle longue

Le *Umlaut*, l'inflexion

Les voyelles **a**, **o** et **u** peuvent prendre un **Umlaut**, *une inflexion*. Elles se prononcent comme suit :

- Le **a** se prononce [a] et **ä** [è] comme dans *père*.
- Le **o** se prononce [o] et **ö** [eu] comme dans *peu*.
- Le **u** se prononce [ou] comme dans *cou* et **ü** [u] comme dans *tutu*.

Suivies d'un **h** ou d'une seule consonne, les voyelles **a/o/u** avec ou sans **Umlaut** sont généralement longues ; elles sont courtes après une double consonne ou plusieurs consonnes.

MODULE 0 : PONCTUATION ET PRONONCIATION

 Relie chaque mot avec sa prononciation phonétique.

a. schon, *déjà* •   • [cho:n]
   schön, *beau* •   • [cheu:n]

b. fährt, *(il) roule* •   • [fa:rt]
   fahrt, *(vous) roulez* • • [fè:rt]

c. spüren, *sentir* •   • [chpu:rën]
   Spuren, *(des) traces* • • [chpou:rën]

Autour des diphtongues

- La diphtongue **au** se prononce [aou] comme dans *Saoudite*.
- Les diphtongues **äu/eu** se prononcent [oï] comme dans *la langue d'oïl*.
- La diphtongue **ei** équivaut à [aï] comme dans *ail*.

5 Indique la prononciation de la diphtongue.

a. n**eu**, *neuf* [................]   d. tr**äu**men, *rêver* [................]

b. r**au**s, *dehors* [................]   e. bl**au**, *bleu* [................]

c. fr**ei**, *libre* [................]   f. n**ei**n, *non* [................]

Autour du *Ach-Laut* et du *Ich-Laut*

- Le **Ach-Laut** : après **a**, **au**, **o** et **u**, le groupe **ch** se prononce comme un [r] raclé venant de la gorge.
- Le **Ich-Laut** : après **ä**, **e**, **eu**, **i**, **ie**, **ö** et **ü**, le groupe **ch** se prononce chuinté, avec la bouche placée comme pour sourire. C'est le cas aussi après **l**, **n**, **r** et le suffixe **-chen**.

MODULE 0 : PONCTUATION ET PRONONCIATION

6 **Souligne en rouge les mots avec un *Ach-Laut* et en vert les mots avec un *Ich-Laut*.**

a. reich, *riche*

b. doch, *si*

c. Löcher, *trous*

d. sicher, *sûr*

e. Fach, *matière*

f. euch, *vous*

g. suchen, *chercher*

h. Bücher, *livres*

Autour du *s* et *ß*

- Le **s** se prononce [z] comme dans *zèbre* en début de mot (**sagen**, *dire*), entre deux voyelles (**Besen**, *balais*) et entre **l**, **m**, **n**, **r** et une voyelle (**also**, *alors*).
- Placés en début de mot ou de syllabe, les groupes **sp** et **st** se prononcent [chp] et [cht].
- Dans les autres cas, le **s** se prononce [ss], entre autres quand il se trouve en fin de mot (**Bus**, *bus*) ou qu'il est doublé (**dass**, *que*).
- Le **ß** se prononce [ss] comme dans *bis* : (**weiß**, *blanc*).

7 **Classe les mots suivants dans le tableau, selon la prononciation du -s/-ß.**

Messer, *couteau*

Seife, *savon*

Stift, *stylo*

Reis, *riz*

Fuß, *pied*

Gesicht, *visage*

Fenster, *fenêtre*

Spiegel, *miroir*

[z]	[ss]	[ch]

Les autres particularités phonétiques

- Le **g** se prononce toujours [g] comme dans *gâteau*.
- Le **H** est aspiré, [H], lorsqu'il est placé en début de mot. Il se prononce comme dans *hello* en anglais.
- Le **j** se prononce [y] comme dans *yacht*.
- Le **r** et le groupe **er** en fin de mot ne sont pas accentués et se prononcent comme un léger [a].
- Le **v** se prononce [f] comme dans *famille* mais [v] dans **Vase**.
- Le **w** se prononce [v] comme dans *voyage*.

MODULE 0 : PONCTUATION ET PRONONCIATION

Bilan

☺ 😐 ☹

La majuscule
1. ....

La ponctuation
2. ....

Autour des voyelles *e* et *i*
3. ....

Autour du *Umlaut*
4. ....

Autour des diphtongues
5. ....

Autour du *Ach-Laut* et du *Ich-Laut*
6. ....

Autour du s et ß
7. ....

Was will ich später werden?

Objectifs

- **Se présenter et parler de ses centres d'intérêt**
  Pour cela, nous allons voir :
  - l'emploi et la formation du présent de l'indicatif des verbes réguliers et irréguliers (dits faibles et forts)
  - le présent de l'indicatif de **sein**, *être*, **haben**, *avoir* et **werden**, *devenir*
  - deux exemples de présentation personnelle
  - l'emploi et la place de **gern** dans la phrase
  - différents centres d'intérêt

- **Exprimer la volonté / le souhait d'apprendre un métier**
  Pour cela, nous allons voir :
  - les noms de métier au masculin et au féminin
  - les verbes de modalité **wollen**, *vouloir* au présent de l'indicatif et **mögen**, *aimer* au subjonctif II (= conditionnel)
  - différentes filières d'études et d'apprentissage
  - la forme **Ich würde gern**, *J'aimerais bien* + infinitif

- **Exprimer les raisons et les conséquences de son choix d'un métier**
  Pour cela, nous allons voir :
  - les conjonctions **denn**, *car* et **weil**, *parce que* + la syntaxe de la phrase
  - l'adverbe de liaison **deshalb**, *c'est pourquoi* + la syntaxe de la phrase

- **POINT CULTURE**
  La formation duale

Module 1

MODULE 1 : WAS WILL ICH SPÄTER WERDEN ?

L'emploi et la formation du présent de l'indicatif des verbes réguliers et irréguliers

Le présent de l'indicatif s'emploie pour parler du présent mais aussi du futur. C'est le temps le plus employé en allemand.

Souviens-toi que **-en** est la terminaison infinitive de la grande majorité des verbes et **-n** pour les autres verbes.

Le présent de l'indicatif se forme comme suit :

- Les verbes réguliers (dits faibles) se construisent sur le radical du verbe + les terminaisons **- e**, **-st**, **-t**, **-en**, **-t**, **-en**. Exemple : **leben**, *vivre* ➜ **ich lebe**, **du lebst**, **er/sie/es lebt**, **wir leben**, **ihr lebt**, **sie/Sie leben**.

- Les verbes irréguliers (dits forts) changent de voyelle aux 2e et 3e personnes du singulier ; les autres personnes ont une conjugaison régulière. Cette irrégularité concerne certains verbes en **a** et **e** : le **a** devient **ä**, le **e** devient **i** ou **ie**. Exemples : **fahren**, *aller/rouler* ➜ **du fährst** ; **er/sie/es fährt** ; **geben**, *donner* ➜ **du gibst** ; **er/sie/es gibt** ; **sehen**, *voir* ➜ **du siehst** ; **er/sie/es sieht**.

Attention aux particularités phonétiques !

- Les verbes réguliers terminés en **-d**, **-t** ou plusieurs consonnes comme **-chn** prennent un **e** phonétique aux 2e et 3e personnes du singulier et à la 2e personne du pluriel : **arbeiten**, *travailler* ➜ **du arbeitest**, **er/sie/es arbeitet**, **ihr arbeitet**.

- Les verbes irréguliers terminés en **-d**, **-t** prennent un **e** phonétique à la 2e personne du pluriel mais pas aux 2e et 3e personnes du singulier : **einladen**, *inviter* ➜ **du lädst ein**, **er/sie/es lädt ein**, **ihr ladet ein**.

- Les verbes réguliers et irréguliers terminés en **-s**, **-ß**, **-z** prennent juste un **t** à la 2e personne du singulier : **sitzen**, *être assis* ➜ **du sitzt** ; **lesen**, *lire* ➜ **du liest**.

MODULE 1: WAS WILL ICH SPÄTER WERDEN?

1 Complète les conjugaisons manquantes.

	verbe régulier **wohnen**, *habiter*	verbe régulier terminé en **-chn** **zeichnen**, *dessiner*	verbe régulier terminé en **-ß** **heißen**, *s'appeler*	verbe irrégulier **sprechen**, *parler*	verbe irrégulier **lesen**, *lire*
ich		zeichne			lese
du				sprichst	liest
er/sie/es	wohnt	zeichnet	heißt		
wir				sprechen	
ihr					
sie/Sie	wohnen		heißen		

Le présent de l'indicatif de *sein*, être, *haben*, avoir et *werden*

Les verbes/auxiliaires **sein**, *être*, **haben**, *avoir* et **werden** ont une conjugaison irrégulière. Selon son emploi, **werden** se traduit différemment : *devenir*, *être* au présent ou au futur, etc.

2 Complète le tableau avec : *werdet*, *hast*, *wird*, *sind*, *haben* (2x), *werde*, *bin*, *werden*, *bist*, *hat*, *seid*.

	sein	haben	werden
ich		habe	
du			wirst
er/sie/es	ist		
wir			werden
ihr		habt	
sie/Sie	sind		

MODULE 1 : WAS WILL ICH SPÄTER WERDEN?

Deux exemples de présentation personnelle

Voici deux textes avec le vocabulaire de base pour se présenter.
Lis-les puis fais les exercices suivants.

Hi! Ich heiße Anna und bin 15. Ich bin in der 10. (zehnten) Klasse. Ich komme aus Hamburg und wohne seit 2 Jahren in Berlin. Meine **Lieblingsfächer**[1] sind Englisch und Französisch. Ich lerne auch Russisch. **Was will ich später werden?**[2] Das weiß ich noch nicht.

1. **das Lieblingsfach (¨er)**, *la matière préférée* 2. **Was will ich später werden?** *Qu'est-ce que je veux devenir plus tard ?*

Mein Name ist Mesut. Ich bin 14. Ich komme aus Istanbul und wohne seit 4 Jahren in Berlin. Ich bin in der 9. (neunten) Klasse. Ich gehe nicht **gern**[1] in die Schule. Ich habe ein Lieblingsfach: Sport. Ich spiele **fast jeden Tag**[2] Fußball. Später will ich **Fußballspieler**[3] werden.

1. **gern**, *volontiers* 2. **fast jeden Tag**, *presque chaque jour* 3. **der Fußballspieler (-)**, *joueur de foot*

3 Réponds aux questions concernant Anna.

a. Wie alt ist sie? ....

b. In welcher Klasse ist sie? ....

c. Wo wohnt sie? ....

d. Was sind ihre Lieblingsfächer? ....

4 Réponds aux questions concernant Mesut.

a. Woher kommt er? ....

b. Geht er gern in die Schule? ....

c. Wie oft* spielt er Fußball? ....

d. Was will er später werden? ....

* **wie oft** = *tous les combien / combien de fois*

MODULE 1 : WAS WILL ICH SPÄTER WERDEN?

L'emploi et la place de *gern* dans la phrase

Pour dire que l'on aime bien faire quelque chose, on associe **gern** au verbe. Il se place :

- derrière le verbe conjugué dans une phrase déclarative. Exemple :
  Er kocht gern für die ganze Familie ➜ *Il aime cuisiner pour toute la famille* ;

- derrière le sujet dans une phrase interrogative. Exemple :
  Kocht er gern? ➜ *Il aime cuisiner ?*
  Was kocht er gern? ➜ *Qu'est-ce qu'il aime cuisiner ?*

- derrière la négation **nicht**, *ne… pas* dans une phrase négative. Exemple :
  Er kocht nicht gern ➜ *Il n'aime pas cuisiner*
  Kocht er nicht gern? ➜ *Il n'aime pas cuisiner ?*

Centres d'intérêt

Geige spielen	*jouer du violon*
Sport machen	*faire du sport*
Computerprogramme konzipieren	*concevoir des programmes informatiques*
Artikel schreiben	*écrire des articles*
kochen	*cuisiner*

5 Traduis les phrases suivantes.

a. Il aime faire du sport. ....

b. Elles aiment concevoir des programmes informatiques.

....

c. Nous n'aimons pas cuisiner. ....

d. Aimez-vous jouer du violon ? (tutoiement pluriel)

....

e. Tu aimes écrire des articles ? ....

MODULE 1 : WAS WILL ICH SPÄTER WERDEN?

Les noms de métier au masculin et au féminin

Tu vas maintenant étudier les noms de métier. Pour former le féminin, il suffit généralement d'ajouter le suffixe **-in** et éventuellement un **Umlaut** sur **a**, **o**, **u**. Pour les noms terminés en **-mann**, le féminin se forme en **-frau**. Exemples :

der Lehrer (-) / die Lehrerin (nen) ➜ *le professeur / la professeure*

Rechtsanwalt ("e) / Rechtsanwältin (nen) ➜ *l'avocat / l'avocate*

der Putzmann ("er) / die Putzfrau (en) ➜ *l'homme de ménage / la femme de ménage*

Attention ! Der Krankenpfleger (-), *l'aide soignant* est le masculin de **die Krankenschwester (n)**, *l'infirmière*. Par ailleurs, quelques noms de métier n'ont qu'un seul genre, comme **der Handwerker (-)**, *l'artisan* et **der Versicherer (-)**, *l'assureur*.

6 Indique le féminin des métiers ci-dessous et relie-les à leur traduction française. Les noms prenant un *Umlaut* au féminin sont indiqués par un astérisque.

a. der Informatiker   die .... •   • 1. le boulanger

b. der Polizist   die .... •   • 2. l'architecte

c. der Mechaniker   die .... •   • 3. le pompier

d. der Lehrer   die .... •   • 4. le policier

e. der Bäcker   die .... •   • 5. le professeur

f. der Pilot   die .... •   • 6. le cuisinier

g. der Architekt   die .... •   • 7. l'informaticien

h. der Musiker   die .... •   • 8. le pilote

i. der Arzt*   die .... •   • 9. le vendeur

j. der Tierarzt*   die .... •   • 10. le journaliste

k. der Journalist   die .... •   • 11. le musicien

l. der Verkäufer   die .... •   • 12. le vétérinaire

m. der Feuerwehrmann   die .... •   • 13. le médecin

n. der Koch*   die .... •   • 14. le mécanicien

MODULE 1 : WAS WILL ICH SPÄTER WERDEN?

Les verbes de modalité *wollen*, vouloir au présent de l'indicatif et *mögen*, aimer/souhaiter/désirer au subjonctif II (= conditionnel)

	présent de l'indicatif **wollen**, *vouloir*	subjonctif II (= conditionnel) **mögen**, *aimer/souhaiter/désirer*
ich	will	möchte
du	willst	möchtest
er/sie/es	will	möchte
wir	wollen	möchten
ihr	wollt	möchtet
sie/Sie	wollen	möchten

Le verbe **wollen**, *vouloir* exprime la volonté / une détermination forte / une intention dans le futur.

Le verbe **mögen** conjugué au subjonctif II (équivalent du conditionnel en français) exprime le souhait / le désir.

Comme tous les verbes de modalité, **wollen** et **mögen** régissent un verbe principal à l'infinitif. Celui-ci se trouve en dernière position. Exemples :

Ich will später Fußballspieler werden ➜ *Plus tard, je veux devenir footballeur.*

Ich möchte später Fußballspieler werden ➜ *Plus tard, j'aimerais devenir footballeur.*

7 Complète les phrases avec *wollen* ou *mögen* au présent de l'indicatif ou subjonctif II et le métier du picto.

Leo will Lehrer werden / Lea will Lehrerin werden
➜ *Léo veut devenir professeur / Léa veut devenir professeure*

a. Tobias .... (wollen) später .... werden.

b. .... (mögen) ihr auch .... werden? (nom masc.)

MODULE 1 : WAS WILL ICH SPÄTER WERDEN ?

c. Ich .... (mögen) später .... werden. (nom fém.)

d. .... (wollen) du später .... werden? (nom fém.)

e. Luka .... (mögen) später .... werden.

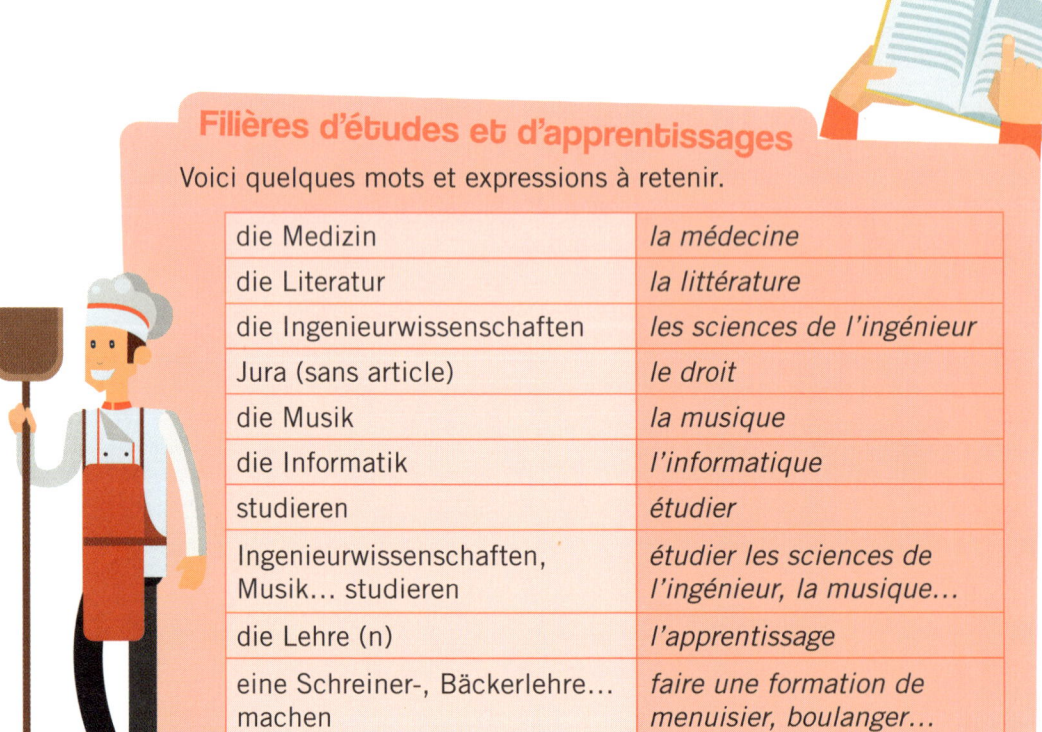

Filières d'études et d'apprentissages

Voici quelques mots et expressions à retenir.

die Medizin	la médecine
die Literatur	la littérature
die Ingenieurwissenschaften	les sciences de l'ingénieur
Jura (sans article)	le droit
die Musik	la musique
die Informatik	l'informatique
studieren	étudier
Ingenieurwissenschaften, Musik… studieren	étudier les sciences de l'ingénieur, la musique…
die Lehre (n)	l'apprentissage
eine Schreiner-, Bäckerlehre… machen	faire une formation de menuisier, boulanger…

MODULE 1 : WAS WILL ICH SPÄTER WERDEN?

8 Complète les phrases avec le nom des études / de l'apprentissage.

a. Mein Bruder möchte .... studieren.

b. Ich möchte .... studieren.

c. Leo möchte eine .... machen.

d. Sie möchten .... studieren.

e. Du möchtest .... studieren.

La forme *Ich würde gern*, J'aimerais bien + infinitif

On peut exprimer le souhait avec le verbe **werden** au subjonctif II (= conditionnel) + **gern** + infinitif du verbe en fin de phrase. En français, cette tournure se traduit par *J'aimerais (bien) / Je souhaiterais* + infinitif du verbe.

ich würde gern… studieren	wir würden gern… studieren
du würdest gern… studieren	ihr würdet gern… studieren
er/sie/es würde gern… studieren	sie/Sie würden gern… studieren

Ich würde gern Medizin studieren
➜ *J'aimerais étudier médecine.*

Was würdest du gern studieren?
➜ *Qu'est-ce que tu aimerais étudier ?*

MODULE 1 : WAS WILL ICH SPÄTER WERDEN?

9 Réécris les phrases avec la forme composée *würde gern* + infinitif.

a. Du möchtest Literatur studieren.

....

b. Sie möchte eine Kochlehre machen.

....

c. Wir möchten Jura studieren.

....

d. Was möchtet ihr studieren?

....

Les conjonctions *denn*, car et *weil*, parce que et la syntaxe de la phrase

La syntaxe sera étudiée en détail dans les modules 6 et 7. Note toutefois ces deux points :

1. proposition indépendante : le verbe conjugué occupe la 2ᵉ position et les autres éléments gravitent autour de lui ➜ S + V + Compl. ou Compl. + V + S + (Compl.)
2. proposition subordonnée : conjonctive : le verbe conjugué est toujours en dernière position.

Pour exprimer la cause, on emploie soit **denn**, *car*, soit **weil**, *parce que*. Fais attention aux différentes structures de la phrase :

- **denn**, *car* est une conjonction de coordination. Une conjonction de coordination relie deux phrases à la base indépendantes et ne modifie en rien la place des mots. La conjonction de coordination occupe la position zéro : **Anna möchte Musik studieren, denn sie spielt gern Geige** ➜ *Anna aimerait étudier la musique car elle aime jouer du violon* ;

- **weil**, *parce que* est une conjonction de subordination introduisant une proposition subordonnée. Exemple : **Anna möchte Musik studieren, weil sie gern Geige spielt** ➜ *Anna aimerait étudier la musique car elle aime jouer du violon.*

10 Remets les éléments dans l'ordre pour compléter les phrases.

a. Lea will später Journalistin werden, denn

....

(schreibt / Artikel / gern / sie)

MODULE 1 : WAS WILL ICH SPÄTER WERDEN?

b. Leo will Informatik studieren, weil

....

(Computerprogramme / gern / konzipiert / er)

c. Anna will später Tierärzten werden, weil

....

(liebt / sie / Tiere)

d. Luka will später Sportlehrer werden, denn

....

(macht / Sport / er / gern)

L'adverbe de liaison *deshalb*, pour cela et la syntaxe de la phrase

Pour exprimer la conséquence, on peut employer **deshalb**, *pour cela*. **Deshalb** a la fonction de complément dans la phrase. Généralement, il se trouve en début de proposition, suivi du verbe conjugué + sujet.

Anna kocht gern, deshalb will sie später Köchin werden
→ *Anna aime cuisiner. C'est pourquoi elle veut devenir cuisinière plus tard.*

II **Exprime la conséquence en mettant les éléments entre parenthèses dans l'ordre.**

a. Lea schreibt gern Artikel, deshalb

....

(Journalistin / später / will / werden / sie)

b. Leo konzipiert gern Computerprogramme, deshalb

....

(Informatik / will / studieren / er)

c. Anna spielt gern Geige, deshalb

....

(Musik / möchte / studieren / sie)

d. Luka und Jan machen gern Sport, deshalb

....

(Sportlehrer / sie / werden / wollen / später)

MODULE 1 : POINT CULTURE

DIE DUALE AUSBILDUNG[1]

Mehr als die **Hälfte**[2] der deutschen Schüler fängt eine duale Ausbildung an. Dieses System **kombiniert die Praxis mit der Theorie**[3].

Die **Auszubildenden (Azubis)**[4] mit **Hauptschulabschluss**[5] oder **Realschulabschluss**[6] arbeiten 3 oder 4 Tage die Woche in einem **Betrieb**[7] und gehen 1 oder 2 Tage die Woche auf die **Berufsschule**[8].

Für **Abiturienten**[9] ist es **anders**[10]. Sie arbeiten 3 Monate in einer **Abteilung**[11] einer großen **Firma**[12], studieren dann 3 Monate und arbeiten dann wieder 3 Monate in einer anderen Abteilung usw. Die Ausbildung dauert **im Schnitt**[13] 3 Jahre.

Dieses System hat mehrere **Vorteile**[14]:

1. Azubis lernen viel **durch**[15] Praxis; 2. Azubis **verdienen Geld**[16]; 3. Nach der Ausbildung können Azubis wieder studieren.

1. **die Ausbildung (en)**, *la formation* / **die duale Ausbildung**, *la formation duale* 2. **die Hälfte (n)**, *la moitié* 3. **die Praxis mit der Theorie kombinieren**, *combiner la pratique avec la théorie* 4. **der Auszubildende (n)**, abrégé **Azubi (s)**, *l'apprenti* 5. **der Hauptschulabschluss** ≈ le brevet de fin de la 3e 6. **der Realschulabschluss** ≈ le brevet de fin de la 2de 7. **der Betrieb (e)**, *l'entreprise* 8. **die Berufsschule (n)**, *l'école professionnelle* 9. **der Abiturient (en)**, *le bachelier* 10. **anders**, *différent* 11. **die Abteilung (en)**, *le département* 12. **die Firma (Firmen)**, *la société* 13. **im Schnitt**, *en moyenne* 14. **der Vorteil (e)**, *l'avantage* 15. **durch**, *grâce/par* 16. **Geld verdienen**, *gagner de l'argent*.

12 Coche R (*richtig*) pour juste et F (*falsch*) pour faux.

	R	F
a. 30% der deutschen Schüler fangen eine duale Ausbildung an.	☐	☐
b. Das duale System ist für Schüler mit Hauptschulabschluss, Realschulabschluss oder Abitur.	☐	☐
c. Azubis verdienen sehr viel Geld.	☐	☐
d. Azubis lernen Praxis und Theorie.	☐	☐
e. Nach der Ausbildung können Azubis wieder studieren.	☐	☐

MODULE 1 : **POINT CULTURE**

 Relie chaque mot avec sa traduction.

a. die Ausbildung •   • 1. l'avantage

b. die Praxis •   • 2. l'entreprise

c. der Vorteil •   • 3. la formation

d. das Geld •   • 4. la pratique

e. der Betrieb •   • 5. l'apprenti

f. der Azubi (Auszubildende) •   • 6. l'argent

MODULE 1 : WAS WILL ICH SPÄTER WERDEN?

Bilan

L'emploi et la formation du présent de l'indicatif des verbes réguliers et irréguliers
1. .... ☐ ☐ ☐

Le présent de l'indicatif de *sein*, être, *haben*, avoir et *werden*
2. .... ☐ ☐ ☐

Deux exemples de présentation personnelle
3. .... ☐ ☐ ☐
4. .... ☐ ☐ ☐

L'emploi et la place de *gern* dans la phrase + quelques centres d'intérêt
5. .... ☐ ☐ ☐

Les noms de métier au masculin et au féminin
6. .... ☐ ☐ ☐

Les verbes de modalité *wollen*, vouloir au présent de l'indicatif et *mögen*, aimer/souhaiter/désirer au subjonctif II (= conditionnel)
7. .... ☐ ☐ ☐

Filières d'études et d'apprentissages
8. .... ☐ ☐ ☐

La forme *Ich würde gern*, J'aimerais bien + infinitif
9. .... ☐ ☐ ☐

Les conjonctions *denn*, car et *weil*, parce que et syntaxe de la phrase
10. .... ☐ ☐ ☐

L'adverbe de liaison *deshalb*, pour cela et syntaxe de la phrase
11. .... ☐ ☐ ☐

Point Culture
12. .... ☐ ☐ ☐
13. .... ☐ ☐ ☐

Lebst du gesund?

Objectifs

- **Parler de ses habitudes alimentaires**
  Pour cela, nous allons voir :
  - l'emploi du nominatif, accusatif et datif
  - la déclinaison du groupe nominal défini/indéfini et des pronoms personnels au nominatif, accusatif et datif
  - l'absence d'article et les noms autour de l'alimentation
  - la négation avec **nicht** et **kein**

- **Donner des conseils pour une bonne hygiène de vie**
  Pour cela, nous allons voir :
  - le verbe de modalité **sollen**, *devoir* au présent de l'indicatif et au subjonctif II (conditionnel)
  - une liste de conseils pour une bonne hygiène de vie
  - le verbe **empfehlen**, *conseiller* + infinitive introduite par **zu**, *à/de*

- **Informer/S'informer sur les horaires, jours, durée et fréquence des activités sportives**
  Pour cela, nous allons voir :
  - une liste d'activités sportives
  - les interrogatifs et compléments de temps autour de l'heure, des jours, de la durée et de la fréquence

- **POINT CULTURE**
  Spécialités culinaires des pays germaniques

Module 2

MODULE 2 : LEBST DU GESUND?

L'emploi du nominatif, accusatif et datif

Pour commencer, revoyons l'emploi du nominatif, accusatif et datif.

- Le nominatif exprime le sujet / l'attribut du sujet.
  Il répond à la question **wer**, *qui* / **was**, *que*.
  Wer isst Orangen? → *Qui mange des oranges ?*
  Die Kinder essen Orangen → *Les enfants mangent des oranges.*
  Was ist das? → *Qu'est-ce que c'est ?*
  Das sind die besten Orangen → *Ce sont les meilleures oranges.*

- L'accusatif exprime le complément d'objet direct. Il répond à la question **wen**, *qui* / **was**, *que*. Il s'emploie aussi après certaines prépositions dont **für**, *pour*.
  Wen laden wir zum Essen ein? → *Qui invitons-nous à manger ?*
  Was kaufst du auf dem Markt? → *Qu'est-ce que tu achètes sur le marché ?*
  Ich kaufe die Orangen auf dem Markt → *J'achète les oranges au marché.*
  Das ist gut für die Gesundheit → *C'est bon pour la santé.*

- Le datif exprime le complément d'objet indirect. Il répond à la question **wem**, *à qui* / (**was**, *à quoi*, plus rare). Il s'emploie aussi après certaines prépositions dont **mit**, *avec*.
  Wem schadet es? → *À qui ça nuit ?*
  Es schadet den Kindern → *Ça nuit aux enfants.*
  Ich esse Käse mit einem Stück Brot → *Je mange du fromage avec un morceau de pain.*

  En général, les verbes + accusatif en allemand correspondent à des verbes + COD en français et les verbes + datif en allemand à des verbes + COI en français. Parmi les exceptions, note :
  - **jemanden fragen**, *demander à quelqu'un* ; **etwas brauchen**, *avoir besoin de quelque chose* + accusatif en allemand mais COI en français ;
  - **jemandem danken**, *remercier quelqu'un* ; **jemandem helfen**, *aider quelqu'un* + datif en allemand mais COD en français.

- Les prépositions mixtes (dites aussi spatiales) régissent l'accusatif après un verbe exprimant un déplacement (= directionnel) et le datif après un verbe exprimant une position (= locatif). Exemple : **in**, *dans*.
  Ich gehe in die Bäckerei → *Je vais à la boulangerie.* = accusatif.
  Ich bin in der Bäckerei → *Je suis à la boulangerie.* = datif.
  Tu trouveras la liste des principales prépositions dans le module 7.

MODULE 2 : LEBST DU GESUND?

Banque de mots

der Saft (¨e)	le jus
der Kuchen (-)	le gâteau
der Zucker	le sucre
der Zahn (¨e)	la dent
schaden	nuire à

1 Entoure le cas correspondant aux groupes nominaux soulignés.
N = nominatif, A = accusatif et D = datif.

a. Ich trinke <u>einen Saft</u>. N A D
b. Was trinkt <u>der kleine Junge</u>? N A D
c. Die Orangen sind <u>für den Kuchen</u>. N A D
d. Zucker schadet <u>den Zähnen</u>. N A D
e. <u>Wem</u> hilft das? N A D
f. <u>Was</u> isst du? N A D
g. Ich kaufe den Kuchen <u>in der Bäckerei</u>. N A D

La déclinaison du groupe nominal défini/indéfini et des pronoms personnels au nominatif, accusatif et datif

En allemand, les déterminants, l'adjectif épithète (mais pas l'adjectif attribut), les noms et plusieurs pronoms (dont les pronoms personnels) se déclinent. Revoyons certains points avant de passer au tableau des déclinaisons.

- Au singulier, l'allemand comporte trois genres : le masculin, le féminin et le neutre. Au pluriel, les articles et les pronoms personnels sont les mêmes pour les trois genres.
  Der Apfel / **Die** Orange / **Das** Brot ist lecker
  ➜ *La pomme / L'orange / Le pain est bon(ne).*
  Die Äpfel / **Die** Orangen / **Die** Brote sind lecker
  ➜ *Les pommes / Les oranges / Les pains sont bons.*
  Er/**Sie**/**Es** isst wenig ➜ *Il/Elle mange peu.*
  Sie essen wenig ➜ *Ils/Elles mangent peu.*

MODULE 2 : LEBST DU GESUND?

- L'article indéfini **ein(e)**, *un(e)* n'a pas de forme plurielle. Exemple : **Ich esse Ø leckere Äpfel** → *Je mange de bonnes pommes*.

- Au datif pluriel, les noms prennent systématiquement un **-n** sauf les noms dont la marque plurielle est déjà un **-n** ou un **-s**. Exemples : **die Äpfel, die Kiwis und die Birnen**, *les pommes, les kiwis et les poires* (nominatif/accusatif pluriel) ; **den Äpfeln, den Kiwis und den Birnen**, *les pommes, les kiwis et les poires* (datif pluriel).

❷ Voici les tableaux de déclinaison d'un groupe nominal défini et indéfini. Te souviens-tu de la déclinaison des articles ? Mémorise/révise également la déclinaison de l'adjectif épithète.

DÉFINI

	masculin	féminin	neutre	pluriel
nominatif	d…… gute Apfel	d…… gute Birne	d…… gute Brot	d…… guten Früchte
accusatif	d…… guten Apfel	d…… gute Birne	d…… gute Brot	d…… guten Früchte
datif	d…… guten Apfel	d…… guten Birne	d…… guten Brot	d…… guten Früchten

INDÉFINI

	masculin	féminin	neutre	pluriel
nominatif	ein guter Apfel	ein…… gute Birne	ein gutes Brot	gute Früchte
accusatif	ein…… guten Apfel	ein…… gute Birne	ein gutes Brot	gute Früchte
datif	ein…… guten Apfel	ein…… guten Birne	ein…… guten Brot	guten Früchten

MODULE 2 : LEBST DU GESUND?

3 Te souviens-tu de la déclinaison des pronoms personnels ? Complète le tableau.

nominatif	ich	du	er	sie	es	wir	ihr	sie	Sie
accusatif		dich				uns			Sie
datif			ihm		ihm		euch		

L'absence d'article et les noms autour de l'alimentation

En allemand, on ne met pas d'article devant un nom indénombrable ou marquant une quantité non précisée. Le français en revanche emploie les articles partitifs *du*, *de la*, ou *des* pour le pluriel.
Exemples : **Ich trinke Ø Milch** ➔ *Je bois du lait.*
Ich esse Ø Äpfel ➔ *Je mange des pommes.*

4 Voici une liste de vocabulaire autour de l'alimentation. Relier chaque nom à sa traduction.

a. der Zucker • • 1. la viande
b. das Fleisch • • 2. les fruits
c. der Fisch • • 3. le miel
d. das Gemüse • • 4. le sucre
e. das Obst • • 5. l'eau
f. das Wasser • • 6. le beurre
g. die Milch • • 7. le poisson
h. der Honig • • 8. le fromage
i. die Butter • • 9. le lait
j. der Käse • • 10. les légumes

Banque de mots

pro Tag	*par jour*	der Hamburger mit Ketchup	*le burger avec du ketchup*
manchmal	*quelquefois, parfois*	lecker	*bon (un plat, aliment)*

MODULE 2 : LEBST DU GESUND?

5 *„Gesund oder nicht?"* → « Sain ou pas ? »
Complète les phrases avec le nom des aliments.

a. Ich trinke .... und esse .... mit .... oder ....

b. Ich esse eine .... oder einen .... pro Tag.

c. Meine Mutter isst .... und ....

d. Manchmal esse ich .... mit .... und manchmal esse ich einen .... mit .... Lecker, lecker!

MODULE 2 : LEBST DU GESUND?

La négation avec *kein* et *nicht*

En allemand, on distingue deux négations :

- **kein** est la négation de l'article indéfini **ein** et de l'absence d'article. Au singulier, elle suit la même déclinaison que **ein**. Contrairement à **ein**, elle a une forme plurielle (voir tableau).

	masculin	féminin	neutre	pluriel
nominatif	kein guter Apfel	keine gute Birne	kein gutes Brot	keine guten Früchte
accusatif	keinen guten Apfel	keine gute Birne	kein gutes Brot	keine guten Früchte
datif	keinem guten Apfel	keiner guten Birne	keinem guten Brot	keinen guten Früchten

Ich esse keinen Apfel → *Je ne mange pas de pomme*
(négation de **einen Apfel**, accusatif masculin).

Ich esse keine Äpfel → *Je ne mange pas de pomme*
(négation de **Äpfel**, accusatif pluriel).

Ich trinke kein Wasser → *Je ne bois pas d'eau*
(négation de **Wasser**, accusatif neutre).

- **nicht** est la négation principale et s'emploie pour tous les autres cas. Elle se place généralement devant l'adjectif attribut / l'adverbe / le groupe prépositionnel à nier mais derrière le complément d'objet. Si la phrase comporte juste un sujet et un verbe, **nicht** se place derrière le verbe conjugué. Exemples :

Es ist nicht gut → *Ce n'est pas bon.*
Isst er nicht gern Gemüse? → *Il n'aime pas manger des légumes ?*
Das Obst ist nicht für dich → *Les fruits ne sont pas pour toi.*
Ich esse den Apfel nicht → *Je ne mange pas la pomme.*
Ich esse nicht → *Je ne mange pas.*
Ich habe nicht gegessen → *Je n'ai pas mangé.*

 Nicht ou *kein-* ? À toi de jouer. Entoure la bonne négation.

a. Die Äpfel sind **nicht/kein** gut.
b. Er isst **nicht/kein** Obst.
c. Er trinkt **nicht/keine** gern Milch.
d. Er isst **nicht/keine** Orangen.

MODULE 2 : LEBST DU GESUND ?

7 Forme des phrases négatives avec *nicht* ou *kein*.

a. Er isst Äpfel. → ....

b. Er isst. → ....

c. Er isst viel. → ....

d. Er isst zu Hause. → ....

Le verbe de modalité *sollen*, devoir au présent de l'indicatif et au conditionnel

	présent de l'indicatif	subjonctif II (conditionnel)
ich	soll	sollte
du	sollst	solltest
er/sie/es	soll	sollte
wir	sollen	sollten
ihr	sollt	solltet
sie/Sie	sollen	sollten

Le verbe **sollen**, *devoir* s'emploie pour donner un conseil, exprimer une obligation morale ou poser une question au sujet de ce qui doit être fait. On l'emploie au présent de l'indicatif ou au subjonctif II (conditionnel) pour mieux marquer qu'il s'agit d'un conseil.

Du sollst/solltest mehr Sport treiben
→ *Tu dois/devrais faire plus de sport.*
Was soll/sollte ich essen?
→ *Qu'est-ce que je dois/devrais manger ?*

Conseils pour une bonne hygiène de vie

mehr/weniger Gemüse, Fleisch… essen	*manger plus de/moins de légumes, viande…*
mehr/weniger Wasser, Tee … trinken	*boire plus/moins d'eau, de thé…*
Sport treiben/machen	*faire du sport*
ins Schwimmbad gehen	*aller à la piscine*
früher ins Bett gehen	*aller plus tôt au lit*
weniger Zeit vor dem PC verbringen	*passer moins de temps devant l'ordinateur*

MODULE 2 : LEBST DU GESUND?

8 Complète les phrases avec *sollen* au présent de l'indicatif et conditionnel.

a. Mein Freund ..../........................ weniger Zeit vor dem PC verbringen.

b. Ich ..../........................ mehr Obst und Gemüse essen.

c. Wir ..../........................ ins Schwimmbad gehen.

d. Ihr ..../........................ früher ins Bett gehen.

9 Étudie les expressions de vocabulaire puis complète les phrases avec les conseils d'hygiène de vie.

Meine Eltern sagen, ich soll…

a. … mehr ....

b. … früher ....

c. … ins ....

d. … mehr ....

Le verbe *empfehlen*, conseiller + infinitive introduite par *zu*

Le verbe **empfehlen** fait partie des verbes irréguliers ; le **e** devient **ie** aux 2ᵉ et 3ᵉ personnes du singulier : **ich empfehle, du empfiehlst, er/sie/es empfiehlt, wir empfehlen…**

Il régit une proposition infinitive introduite par **zu**, *de/à*. Celle-ci se place habituellement derrière la proposition principale et **zu** se place juste devant l'infinitif : **Ich empfehle dir zu schlafen** ➔ *Je te conseille de dormir.*

La proposition infinitive est séparée de la proposition principale par une virgule si elle comporte un complément (ou plusieurs) : **Sie empfiehlt mir, mehr Sport zu treiben** ➔ *Elle me conseille de faire plus de sport.*

MODULE 2 : LEBST DU GESUND?

10 Traduis les phrases suivantes.

a. Je te conseille de boire du lait.

....

b. Ma mère nous conseille de manger des légumes.

....

c. Il nous conseille d'aller à la piscine.

....

d. Elle me conseille d'aller plus tôt au lit.

....

e. Mes parents me conseillent de passer moins de temps devant l'ordinateur.

....

Les activités sportives

Tu as certainement déjà étudié le vocabulaire des activités sportives. L'exercice suivant va te permettre de les réviser. N'oublie pas que ces noms (indénombrables) s'emploient généralement sans article.

Ist Ø Reiten ein teurer Sport? → *Est-ce que l'équitation est un sport cher ?*

11 Relie chacune des activités à sa traduction en français.

a. das Schwimmen • • 1. *faire du vélo*

b. der Fußball • • 2. *courir*

c. das Laufen • • 3. *la natation*

d. das Reiten • • 4. *la danse classique*

e. das Radfahren • • 5. *l'athlétisme*

f. die Leichtathletik • • 6. *l'équitation*

g. das Ballett • • 7. *le football*

MODULE 2 : LEBST DU GESUND?

Les interrogatifs et les compléments de temps autour de l'heure, des jours, de la durée et de la fréquence

Um wie viel Uhr…? – Um… ➡ À quelle heure… ? – À…
Bis wie viel Uhr…? – Bis… ➡ Jusqu'à quelle heure… ? – Jusqu'à…
Von wie viel Uhr bis wie viel…? – Von… bis… ➡ De quelle heure à quelle heure… ?
– De… à…
Wann…? – Am Montag… ➡ Quand… ? – Lundi…
Wie oft…? – Einmal/Zweimal/Dreimal etc. pro Woche ➡ Tous les combien… ?
– Une fois / Deux fois / Trois fois, etc., par semaine.
Wie lange…? – Eine Stunde / Zwei Sunden… ➡ Combien de temps… ?
– Une heure / Deux heures…

Pour *une heure et demie*, on peut dire **eineinhalb** ou **anderthalb Stunden**.

Pour exprimer la répétition/régularité, on emploie soit la tournure **jeden** + jour de la semaine, soit le jour de la semaine (écrit en minuscule) + **s** : **jeden Dienstag / jeden Samstag** etc. ➡ *chaque mardi / chaque samedi*, etc. ; **dienstags/samstags**, etc. ➡ *tous les mardis / tous les samedis*, etc.

Note que les jours de la semaine sont souvent abrégés avec les deux premières lettres et un point : **Mo. = Montag, Di. = Dienstag**…

Retiens les mots suivants :
der Kurs (e), *le cours* ; **das Training**, *l'entraînement*

 Observe le programme ci-dessous et complète les questions.

SPORTPROGRAMM		
Fußball	Mo./Mi.	16:00 – 17:30
Schwimmen	Di./Fr.	18:00 – 19:30
Leichtathletik	Mo./Do. und Sa.	17:00 – 18:00 10:00 – 12:00

a. ……………… ……………… dauert das Fußballtraining? – Anderthalb Stunden.

b. ……………… gehst du schwimmen? – Zweimal pro Woche.

c. ……………… ……………… ……………… beginnt der Schwimmkurs?
– Um 6 (sechs) Uhr.

d. ……………… hast du Fußballtraining? – Montags und mittwochs.

MODULE 2 : LEBST DU GESUND?

13 Donne les réponses selon le programme précédent.

a. Wann hast du Leichtathletik?

....

b. Wie lange dauert der Schwimmkurs?

....

c. Von wieviel Uhr bis wie viel Uhr spielst du Fußball?

....

d. Wie oft pro Woche gehst du schwimmen?

....

MODULE 2 : POINT CULTURE

SPEZIALITÄTEN

In Norddeutschland isst man gern Fisch. Eine **beliebte Spezialität**[1] sind die **Fischbrötchen**[2]. Es gibt viele **Variationen**[3] **davon**[4]: mit **Hering**[5], **Krabben**[6]… Wichtig ist ein **frisches**[7] Brötchen.

1. **die Spezialität (en)**, *la spécialité* → **eine beliebte Spezialität**, *une spécialité appréciée* 2. **das Brötchen (-)**, *le petit pain* → **das Fischbrötchen (-)**, *le petit pain au poisson* 3. **die Variation (en)**, *la variation* 4. **davon**, *de ça* (= *des petits pains au poisson*) 5. **der Hering (e)**, *le hareng* 6. **die Krabbe (n)**, *le crabe / la crevette* 7. **frisch**, *frais*.

Das **Wiener Schnitzel**[1] ist eine **bekannte**[2] österreichische Spezialität. **Weitere**[3] Spezialitäten sind die leckeren Kuchen. Vielleicht hast du schon mal **Sachertorte**[4] oder **Apfelstrudel**[5] gegessen? Es schmeckt sehr lecker.

1. **das Wiener Schnitzel (-)**, *l'escalope panée/viennoise* 2. **bekannt**, *connu* 3. **weiter**, *autre* 4. **die Sachertorte (n)** *est un gâteau au chocolat* 5. **der Apfelstrudel (-)**, *le strudel aux pommes*.

In der Schweiz isst man gern **geschmolzenen**[1] Käse. **Beim**[2] Raclette isst man den Käse mit Kartoffeln und beim Fondue mit Brot. **Beide**[3] sind **Nationalgerichte**[4].

1. **geschmolzen**, *fondu* 2. **beim** (= **bei dem**), *avec la* 3. **beide**, *les deux* 4. **das Gericht (e)**, *le plat* → **das Nationalgericht (e)**, *le plat national*.

Die **Weißwurst**[1] ist eine bekannte **bayerische**[2] Wurst. Man isst sie mit einer **Brezel**[3]. **Früher**[4] hat man sie nur **am Vormittag**[5] gegessen. Man sagte: Die Weißwurst darf das **12-Uhr Läuten**[6] nicht hören. **Ihre Frische könnte darunter leiden**[7].

1. **die Wurst (¨e)**, *la saucisse* → **die Weißwurst (¨e)**, *la saucisse blanche* 2. **bayerisch**, *bavarois* 3. **die Brezel (n)**, *la bretzel* 4. **früher**, *auparavant* 5. **am Vormittag**, *au cours de / dans la matinée* 6. **das 12-Uhr Läuten**, *les 12 coups de midi* 7. **Ihre Frische könnte darunter leiden**, *sa fraîcheur pourrait en pâtir*.

MODULE 2 : POINT CULTURE

14 **Réponds aux questions.**

a. Wo isst man gern Fischbrötchen?

....

b. Was ist beim Fischbrötchen wichtig?

....

c. Wie heißt die Fleischspezialität aus Wien?

....

d. Was sind Sachertorte und Apfelstrudel?

....

e. Wie heißen die schweizerischen Nationalgerichte?

....

f. Wie heißt die bayerische Wurst?

....

g. Wann hat man sie früher gegessen?

....

15 **Remets les lettres dans l'ordre.**

a. L/B/T/E/E/B/I

.... *apprécié*

b. K/R/C/E/E/L

.... *bon* (un plat, aliment)

c. K/A/N/T/B/N/E

.... *connu*

d. A/Y/R/S/C/I/B/E/H

.... *bavarois*

e. R/S/H/I/F/C

.... *frais*

MODULE 2 : LEBST DU GESUND?

Bilan

😊 😐 ☹

L'emploi du nominatif, accusatif et datif

1. .... ☐ ☐ ☐

La déclinaison du groupe nominal défini/indéfini et des pronoms personnels au nominatif, accusatif et datif

2. .... ☐ ☐ ☐
3. .... ☐ ☐ ☐

L'absence d'article et les noms autour de l'alimentation

4. .... ☐ ☐ ☐
5. .... ☐ ☐ ☐

La négation avec *kein* et *nicht*

6. .... ☐ ☐ ☐
7. .... ☐ ☐ ☐

Le verbe de modalité *sollen*, devoir au présent de l'indicatif et au conditionnel

8. .... ☐ ☐ ☐

Quelques conseils pour une meilleure hygiène de vie

9. .... ☐ ☐ ☐

Le verbe *empfehlen*, conseiller + infinitive introduite par *zu*

10. .... ☐ ☐ ☐

Les activités sportives

11. .... ☐ ☐ ☐

Les interrogatifs et les compléments de temps autour de l'heure, des jours, de la durée et de la fréquence

12. .... ☐ ☐ ☐
13. .... ☐ ☐ ☐

Point Culture

14. .... ☐ ☐ ☐
15. .... ☐ ☐ ☐

Wir leben im Medienzeitalter

Objectifs

- **Parler des moyens d'information et de communication**
  Pour cela, nous allons voir :
  - plusieurs moyens de communication/d'information
  - les pronoms indéfinis **einen/keinen…** à l'accusatif
  - les déterminants possessifs au nominatif, accusatif et datif
  - l'emploi et la formation du groupe nominal défini et indéfini au génitif
  - l'emploi et la formation du génitif saxon

- **Demander et indiquer les sujets d'intérêt**
  Pour cela, nous allons voir :
  - une liste de sujets d'information
  - les verbes pronominaux **sich interessieren für**, *s'intéresser à* et **sich informieren über**, *s'informer au sujet de*
  - une introduction aux verbes à régime prépositionnel
  - l'adjectif interrogatif **welch-**, *quel-*

- **Présenter des chiffres/statistiques sur l'utilisation des nouveaux médias**
  Pour cela, nous allons voir :
  - les adverbes de fréquence
  - du vocabulaire thématique
  - les pourcentages et les fractions

- **POINT CULTURE**
  Les journaux en langue allemande

Module 3

MODULE 3 : WIR LEBEN IM MEDIENZEITALTER

Moyens de communication et d'information

Voici quelques termes à retenir.

der Radioapparat (e)	le poste de radio	das Smartphone (s)	le smartphone
das Radio	la radio	die Zeitung (en)	le journal
der Fernseher (-)	la télé (appareil)	die Presse	la presse
das Fernsehen	la télévision	der Computer (-)	l'ordinateur
das Handy (s)	le portable	der Laptop (s)	l'ordinateur portable

1 Indique le nom du média en allemand avec son article et sa marque du pluriel.

a. ....

b. ....

c. ....

d. ....

Les pronoms indéfinis *einen/keinen*... à l'accusatif

masculin	féminin	neutre	pluriel
einen	eine	eins	....
keinen	keine	keins	keine

Les pronoms indéfinis se déclinent à tous les cas, mais la leçon se limite à leur emploi à l'accusatif. **Kein** + ses formes déclinées sont la négation de **ein** + de ses formes déclinées et de l'absence d'article au pluriel. Ils remplacent un groupe nominal indéfini et se traduisent par *en... un* et *n'en... pas*. Exemples :

Hast du eine Zeitung ? ➔ *As-tu un journal ?*
– Ja, ich habe eine. / Nein, ich habe keine ➔ *Oui, j'en ai un. / Non, je n'en ai pas.*

Dans cet exemple, les pronoms **eine** et **keine** remplacent respectivement **eine Zeitung** et **keine Zeitung**.

MODULE 3 : WIR LEBEN IM MEDIENZEITALTER

2 Réponds aux questions en employant les pronoms indéfinis de la leçon.

a. Hast du einen Fernseher? – Nein, ...

b. Hast du ein Handy gekauft? – Ja, ...

c. Habt ihr einen Radioapparat? – Ja, ...

d. Möchtest du eine Zeitung? – Nein danke, ...

Les déterminants possessifs au nominatif, accusatif et datif

Les déterminants possessifs indiquent à qui appartient une chose ou le lien entre des personnes.

- Le radical du déterminant possessif dépend du possesseur. À la 3ᵉ personne du singulier, **sein-** se réfère à un possesseur masculin ou neutre et **ihr-** à un possesseur féminin. Attention ! Le radical **ihr-** correspond aussi à la 3ᵉ personne du pluriel.

ich	du	er/es	sie	wir	ihr	sie	Sie
mein-	**dein-**	**sein-**	**ihr-**	**unser-**	**eu(e)r-**	**ihr-**	**Ihr-**

- La déclinaison du déterminant possessif dépend du possédé : genre, nombre et fonction dans la phrase. Il s'agit de la même déclinaison que celle de la négation **kein** (cf. module 2).

	masculin	féminin	neutre	pluriel
nominatif	mein neu**er** Computer	mein**e** neu**e** Zeitung	mein neu**es** Handy	mein**e** neu**en** Handys
accusatif	mein**en** neu**en** Computer	mein**e** neu**e** Zeitung	mein neu**es** Handy	mein**e** neu**en** Handys
datif	mein**em** neu**en** Computer	mein**er** neu**en** Zeitung	mein**em** neu**en** Handy	mein**en** neu**en** Handys

Observe bien ces exemples :

- possesseur = **ich**/possédé = **das Handy** et nominatif dans la phrase.
  Das ist mein neues Handy ➜ *C'est mon nouveau portable* ;

- possesseur = **Leo**/possédé = **das Handy** et accusatif dans la phrase.
  Leo hat sein neues Handy verloren ➜ *Léo a perdu son nouveau portable* ;

- possesseur = **Lea**/possédé = **der Computer** et accusatif dans la phrase.
  Lea hat ihren neuen Computer verloren ➜ *Léa a perdu son nouvel ordinateur.*

MODULE 3 : WIR LEBEN IM MEDIENZEITALTER

3 As-tu bien mémorisé le tableau de la leçon ? Teste tes connaissances en complétant ce tableau. Dans certains cas, les déterminants ne prennent pas de terminaison.

	masculin	féminin	neutre	pluriel
nominatif	dein…… neu**er** Computer	dein…… neu**e** Zeitung	dein…… neu**es** Handy	dein…… neu**en** Handys
accusatif	dein…… neu**en** Computer	dein…… neu**e** Zeitung	dein…… neu**es** Handy	dein…… neu**en** Handys
datif	dein…… neu**en** Computer	dein…… neu**en** Zeitung	dein…… neu**en** Handy	dein…… neu**en** Handys

Banque de mots

kaputt	*cassé*
mit etwas zufrieden sein	*être satisfait/content de quelque chose*

4 Complète le déterminant possessif et les terminaisons de l'adjectif épithète ; le possesseur est indiqué en gras dans la phrase ou entre parenthèses.

a. Was hast **du** mit ……………………… alt…… Computer gemacht?

b. ……………………… alt…… Fernseher ist kaputt. (**wir**)

c. **Anna** hat ……………………… Smartphone bei mir vergessen.

d. Haben **Sie** ……………………… Handy wieder gefunden?

e. Ist **er** mit ……………………… neu…… Computer zufrieden?

MODULE 3 : WIR LEBEN IM MEDIENZEITALTER

L'emploi et la formation du groupe nominal défini et indéfini au génitif

	masculin	féminin	neutre	pluriel
GN défini	**des** neu**en** Computer**s**	**der** neu**en** Zeitung	**des** neu**en** Handy**s**	**der** neu**en** Handy**s**
GN indéfini	**eines** neu**en** Computer**s**	**einer** neu**en** Zeitung	**eines** neu**en** Handy**s**	neu**er** Handy**s**
GN avec déterminant possessif	**meines** neu**en** Computer**s**	**meiner** neu**en** Zeitung	**meines** neu**en** Handy**s**	**meiner** neu**en** Handy**s**

Le génitif est le quatrième cas de la déclinaison du nom. Il exprime le complément du nom et marque souvent l'appartenance / la possession. Il répond à la question **wessen**, *de qui* généralement traduite *à qui*.

Wessen Handy ist das? ➜ *À qui est le portable ?* (mot à mot : *De qui portable… ?*)

Das neue Handy meines Bruders ist super ➜ *Le nouveau portable de mon frère est super.*

Der Preis der Zeitungen ist gestiegen ➜ *Le prix des journaux a augmenté.*

Les noms masculins et neutres prennent un **-s** au singulier. Dans certains cas, le nom peut/doit prendre un **-es**. C'est facultatif pour un monosyllabique ou un mot terminé en plusieurs consonnes et obligatoire pour un nom terminé en **-s, -z, -ß** : **das Jahr**, *l'année* ➜ **des Jahrs / des Jahres** ; **das Geschenk**, *le cadeau* ➜ **des Geschenks / des Geschenkes** ; **das Haus**, *la maison* ➜ **des Hauses**.

5 Construis des compléments du nom.

a. der Fernseher – seine Großeltern

.... ist alt.

b. der Computer – dein kleiner Bruder

.... ist kaputt.

c. das neue Smartphone – meine kleine Schwester

.... ist schön.

MODULE 3 : WIR LEBEN IM MEDIENZEITALTER

L'emploi et la formation du génitif saxon

Quand le possesseur est indiqué par un nom propre, on emploie soit la préposition **von**, *de* + nom propre, soit le génitif saxon. Celui-ci se forme avec le nom propre + **s** + nom qu'il détermine : **Das ist der Radioapparat von Lea.** ou **Das ist Leas Radioapparat.** → *C'est le poste de radio de Léa.* **Attention** : au génitif saxon, le nom perd son article !

Les noms terminés en **-s**, **-ß**, **-x** ou **-z** prennent une apostrophe à la place du **s** : **Das ist Thomas' Radioapparat.** → *C'est le poste de radio de Thomas.*

6 Forme des phrases avec un génitif saxon.

a. Das ist der Computer von Jonas.

....

b. Das Handy von Anna ist kaputt.

....

c. Er kann den Computer von Leo haben.

....

7 Voici une liste de sujets d'information. De nombreux noms ressemblent au français. Complète-la avec les traductions manquantes et mémorise le vocabulaire.

a. der Sport	....
b. die Musik	....
c. das Kino	....
d. die Mode	....
e. die Kultur	....
f. die Wirtschaft	*l'économie*
g. die Politik	....
h. Wissenschaft und neue Technologien	*les sciences et* ....
i. Naturwissenschaft	*les sciences naturelles*

MODULE 3 : WIR LEBEN IM MEDIENZEITALTER

Les verbes pronominaux *sich interessieren für*, *s'intéresser à* et *sich informieren über*, *s'informer au sujet de*

Les verbes pronominaux **sich interessieren für**, *s'intéresser à* et **sich informieren über**, *s'informer de* se construisent avec les pronoms réfléchis accusatif **mich** (ich), **dich** (du), **sich** (er/sie/es), **uns** (wir), **euch** (ihr), **sich** (sie/Sie). Ils correspondent aux pronoms personnels sauf aux 3es personnes du singulier et du pluriel.

- Dans une phrase déclarative (affirmative ou négative) commençant par le sujet, le pronom réfléchi se place derrière le verbe conjugué : **Ich interessiere mich für Politik** ➜ *Je m'intéresse à la politique* ; **Ich interessiere mich nicht für Politik** ➜ *Je ne m'intéresse pas à la politique.*
- Dans une phrase déclarative (affirmative ou négative) commençant par un complément, le pronom réfléchi se place derrière le sujet lorsque celui-ci est un pronom personnel et devant lorsque celui-ci est un nom/GN : **Schon seit langem interessiere ich mich für Politik** ➜ *Je m'intéresse à la politique déjà depuis longtemps* ; **Seit einem Jahr interessiert sich mein Sohn für Politik** ➜ *Depuis un an, mon fils s'intéresse à la politique.*
- Dans une proposition interrogative, le pronom réfléchi se place derrière le sujet lorsque celui-ci est un pronom personnel et devant lorsque celui-ci est un nom/GN : **Interessiert ihr euch für Politik?** ➜ *Vous vous intéressez à la politique ?* **Interessiert sich Tobias für Politik** ➜ *Tobias, s'intéresse-t-il à la politique ?*

8 Complète les exemples avec le pronom réfléchi.

a. wir informieren .... über…
b. er informiert .... über…
c. Lea interessiert ....für…
d. du interessierst .... für…
e. die Kinder informieren .... über…
f. ich informiere .... über…

9 Remets les éléments de phrase (déclarative ou interrogative) dans l'ordre.

a. ihr / euch / für Politik / interessiert?

....

b. informiert / Tobias / sich / über Politik

....

c. sich / Politik / über / Sabine / informiert / nicht

....

d. interessiert / dein Bruder / sich / Politik / für?

....

MODULE 3 : WIR LEBEN IM MEDIENZEITALTER

Introduction aux verbes à régime prépositionnel

En allemand comme en français, plusieurs verbes se construisent avec une préposition. Exemples : **sich interessieren für**, *s'intéresser à* + accusatif ; **sich informieren über**, *s'informer de/sur* + accusatif. Notez aussi **sprechen über**, *parler de* + accusatif ; **handeln von**, *traiter de* + datif. Il est important d'apprendre ces verbes avec leur préposition et le cas qu'ils régissent.

Ich interessiere mich für die neuen Technologien
→ *Je m'intéresse aux nouvelles technologies.*

Es handelt von den neuen Technologien
→ *Ça traite des nouvelles technologies.*

Retiens ces mots de vocabulaire :
das Thema (Themen), *le sujet*
die sozialen Netzwerke, *les réseaux sociaux*

10 Complète les phrases avec leur préposition.

a. Der Artikel handelt .... den sozialen Netzwerken.

b. Heute sprechen wir .... Mode.

c. Interessierst du dich auch .... die neuen Technologien?

d. Ich muss mich .... das Thema informieren.

L'adjectif interrogatif *welch-*, quel

Welch- équivaut à *quel-* en français. Il se décline comme l'article défini :

	masculin	féminin	neutre	pluriel
nominatif	welch**er**	welch**e**	welch**es**	welch**e**
accusatif	welch**en**	welch**e**	welch**es**	welch**e**
datif	welch**em**	welch**er**	welch**em**	welch**en**

Nominatif féminin : **Welche Zeitung ist das?** → *C'est quel journal ?*
Accusatif masculin : **Welchen Artikel hast du gelesen?** → *Quel article as-tu lu ?*

Dans le cas d'un verbe à régime prépositionnel, la préposition se place devant **welch-**.

Accusatif neutre : **Für welches Thema interessierst du dich?** → *À quel sujet t'intéresses-tu ?*
Accusatif pluriel : **Über welche Themen sprecht ihr?** → *De quels sujets parlez-vous ?*

MODULE 3 : WIR LEBEN IM MEDIENZEITALTER

 Ajoute les terminaisons.

    a. Welch............... Artikel ist das?

    b. Welch............... Zeitung kaufst du?

    c. Über welch............... Artikel sprechen sie?

    d. Welch............... Thema interessiert dich?

    e. Über welch............... Thema hast du dich informiert?

Les adverbes de fréquence et vocabulaire thématique

immer	*toujours*
oft	*souvent*
manchmal	*quelquefois, parfois*
selten	*rarement*
niemals	*jamais*
sehr	*très*
fast	*presque*
die Nachrichten im Fernsehen schauen	*regarder les informations à la télé*
Nachrichten online lesen	*lire les informations en ligne*
fern/sehen	*regarder la télé*
Radio hören	*écouter la radio*
im Internet surfen	*surfer sur Internet*

 Relie les phrases à leur picto correspondant.

    a. Du siehst selten fern. •   • 1.

    b. Du surfst oft im Internet. •   • 2.

    c. Du hörst manchmal Radio. •   • 3.

    d. Du liest Zeitung. •   • 4.

MODULE 3 : WIR LEBEN IM MEDIENZEITALTER

13 Traduis ce questionnaire.

FRAGEBOGEN/*QUESTIONNAIRE*

a. Lis-tu les informations en ligne ? Rarement.

....

b. Lis-tu (le*) journal ? *(* ne se traduit pas)* Non, jamais.

....

c. Regardes-tu la télé ? Quelquefois.

....

d. Regardes-tu les informations à la télé ? Jamais.

....

e. Surfes-tu sur Internet ? Très souvent.

....

Prozent signifie *pour cent* : 10 % = **zehn Prozent** ; 20 % = **zwanzig Prozent**…

Die Hälfte (n) signifie *la moitié*. Les autres fractions se forment avec le chiffre/nombre + le suffixe **-tel** et sont du genre neutre : **das Drittel (-)**, *le tiers* ; **das Viertel (-)**, *le quart*… **Attention !** Pour **das Siebtel**, *le septième*, **sieben** perd le **-en** final.

Note que le verbe est au pluriel lorsque l'on indique les pourcentages (sauf pour 1%) et au singulier lorsque l'on indique une fraction. Exemples :
20% der Schüler sind … ➜ *20% des élèves sont …*
Die Hälfte der Schüler ist … ➜ *La moitié des élèves est …*

14 Voici des statistiques faites dans un lycée de 500 élèves. Indique le pourcentage (en chiffres et en toutes lettres) et les fractions. Exemple :

50 Schüler lesen jeden Tag Nachrichten online ➜ 10% (zehn Prozent) der Schüler lesen / Ein Zehntel der Schüler liest jeden Tag Nachrichten online.

a. 250 Schüler sehen jeden Tag fern

➜ ....

b. 100 Schüler hören jeden Tag Radio

➜ ....

MODULE 3 : POINT CULTURE

DIE ZEITUNGEN

- Die *Wiener Zeitung* ist ist die älteste **Tageszeitung**[1] der **Welt**[2]. Sie **erschien**[3] zum ersten Mal am 8. August 1703 und **wurde bis 1870** *Wienerisches Diarium* **genannt**[4]. Sie ist eine **liberale**[5] Zeitung und erscheint von Dienstag bis Samstag.

1. **die Tageszeitung (en)**, *le quotidien* 2. **die Welt**, *le monde* 3. **erscheinen**, *paraître* → **erschien** = *parut* 4. **genannt werden**, *être nommé* → **wurde... genannt**, *fut/était nommé* 5. **liberal**, *libéral*

- Die *Bildzeitung*, oft nur *Bild* genannt, ist eine deutsche **Boulevardzeitung**[1]. Sie informiert ihre **Leser**[2] über Wirtschaft, Politik und **Unterhaltung**[3]. Sie erscheint von Montag bis Samstag; am Sonntag erscheint *Bild am Sonntag*. Die Zeitung ist für ihre **provokativen**[4] Artikel bekannt. **Dennoch**[5] ist sie die **meistverkaufte**[6] Zeitung in Deutschland und ist auch im Ausland sehr **beliebt**[7].

1. **die Boulevardzeitung (en)**, *le journal à sensation* 2. **der Leser (-)**, *le lecteur* 3. **die Unterhaltung**, *l'animation* 4. **provokativ**, *provoquant* 5. **dennoch**, *néanmoins* 6. **meistverkauft**, *plus vendu* 7. **beliebt**, *apprécié*.

- *GEOlino* ist das größte **Kindermagazin**[1] in Deutschland. Junge Leser zwischen 8 und 14 Jahren können sich in **spannenden**[2] und **informationsreichen**[3] **Geschichten**[4] über **verschiedene**[5] Themen unserer Welt informieren. Die Zeitschrift **bietet**[6] auch **Rätsel**[7], Spiele und **Rezepte**[8].

1. **das Kindermagazin (e)**, *le magazine pour enfants* 2. **spannend**, *captivant* 3. **informationsreich**, *riche en informations* 4. **die Geschichte (n)**, *l'histoire* 5. **verschieden**, *différent* 6. **bieten**, *proposer* 7. **das Rätsel (-)**, *l'énigme* 8. **das Rezept (e)**, *la recette*.

15 Réponds aux questions.

a. Wie heißt die bekannte deutsche Boulevardzeitung?

....

b. Was ist *GEOlino*? ....

c. Wie heißt die älteste Zeitung der Welt? ....

d. Wann erscheint *die Bildzeitung*? ....

e. Über welche Themen kannst du dich in *GEOlino* informieren?

....

f. Wann ist das *Wienerische Diarium* zum ersten Mal erschienen?

....

MODULE 3 : WIR LEBEN IM MEDIENZEITALTER

Bilan

Moyens de communication et d'information
1. ....

Les pronoms indéfinis *einen/keinen...* à l'accusatif
2. ....

Les déterminants possessifs au nominatif, accusatif et datif
3. ....
4. ....

L'emploi et la formation du groupe nominal défini et indéfini au génitif
5. ....

L'emploi et la formation du génitif saxon
6. ....

Les sujets d'information
7. ....

Les verbes pronominaux *sich interessieren für*, s'intéresser à et *sich informieren über*, s'informer au sujet de
8. ....
9. ....

Introduction aux verbes à regime prépositionnel
10. ....

L'adjectif interrogatif *welch-*, quel-
11. ....

Les adverbes de fréquence et vocabulaire thématique
12. ....
13. ....

Les pourcentages et les fractions
14. ....

Point Culture
15. ....

Erzähl mal!

Objectifs

- **Raconter au parfait les différentes étapes de la vie**
  Pour cela, nous allons voir :
  - l'emploi et la formation du parfait
  - l'emploi des auxiliaires
  - du vocabulaire autour des étapes de la vie
  - les verbes à particule séparable et inséparable

- **Lire et comprendre les contes**
  Pour cela, nous allons voir :
  - l'emploi et la formation du prétérit des verbes réguliers (dits faibles) et irréguliers (dits forts)
  - l'emploi et la formation du prétérit des verbes **sein**, *être*, **haben**, *avoir* et **werden**
  - l'emploi et la formation du prétérit des verbes de modalité
  - une liste des contes des frères Grimm

- **Parler des deux Allemagnes et indiquer des dates importantes**
  Pour cela, nous allons voir :
  - les noms d'usage et sigles pour désigner les deux Allemagnes
  - le passif présent et le passif prétérit à la 3e personne du singulier
  - du vocabulaire autour du mur de Berlin
  - l'expression de la date

- **POINT CULTURE**
  La vie en Allemagne de l'Est

Module 4

MODULE 4 : ERZÄHL MAL!

L'emploi et la formation du parfait

Le parfait équivaut au passé composé français. On l'emploie pour une action / un événement terminé(e). De nos jours, on l'emploie aussi à l'oral pour relater le passé, surtout avec les verbes réguliers et irréguliers. Il se construit avec l'auxiliaire **haben**, *avoir* ou **sein**, *être* au présent (cf. leçon suivante) + le participe passé en dernière position.

Le participe passé est invariable et se forme comme suit :

- les verbes réguliers (dits faibles) : **ge** + radical de l'infinitif + **(e)t**. Le **e** phonétique s'ajoute aux verbes terminés en **-d**, **-t** ou plusieurs consonnes : **machen → gemacht**, *fait* ; **heiraten → geheiratet**, *marié/épousé*.

- les verbes irréguliers (dits forts) : **ge** + radical du verbe + **en**. Le radical est quelquefois identique à l'infinitif et d'autres fois non : **fahren → gefahren**, *allé* (avec un véhicule) / *roulé* ; **gehen → gegangen**, *allé*.

- les verbes terminés en **-ieren** : radical du verbe + **t**. Exemple : **studieren → studiert**, *étudié*.

À noter : certains verbes sont réguliers au présent mais irréguliers au parfait, comme **gehen**. Les verbes irréguliers au présent par contre sont tous irréguliers au parfait.

1 Te souviens-tu de la signification des participes passés suivants ? Relie-les à leur traduction.

a. geboren • • 1. *mort*
b. gekommen • • 2. *né*
c. gelebt • • 3. *trouvé*
d. gestorben • • 4. *venu*
e. gearbeitet • • 5. *vécu*
f. gefunden • • 6. *travaillé*

L'emploi des auxiliaires

- **Haben** s'emploie pour la grande majorité des verbes :
  - verbes transitifs (avec complément d'objet). Exemple :
    Er hat Abitur gemacht → *Il a passé le bac* ;
  - verbes pronominaux. Exemple : **Er hat sich gefreut** → *Il s'est réjoui* ;
  - verbes marquant un état / une position. Exemple :
    Er hat in Berlin gewohnt → *Il a habité à Berlin*.

MODULE 4 : ERZÄHL MAL!

- **Sein** s'emploie pour les autres verbes :
  - verbes intransitifs (sans complément d'objet) exprimant un mouvement, un changement de lieu/d'état. Exemples :
    Er ist nach Deutschland **gefahren** ➜ *Il est allé en Allemagne* ;
    Er ist viel **gereist** ➜ *Il a beaucoup voyagé* ;
  - verbes **bleiben**, *rester* et **sein**, *être* bien qu'ils marquent un état. Exemples :
    Ich bin in Berlin **geblieben** ➜ *Je suis resté à Berlin* ;
    Ich bin in Berlin **gewesen** ➜ *Je suis allé à Berlin*.
    (**bin gewesen**, *ai été* se traduit *suis allé*)

Banque de mots

das Studium (sing.)	les études
die Stelle (n)	le poste
das Internat (e)	la pension/le pensionnat
kennenlernen ➜ kennengelernt	faire connaissance ➜ fait connaissance
auf die Welt kommen	venir au monde

 Complète cette biographie avec les auxiliaires *haben* ou *sein*.

Mein Vater ist 1977 in Hawaï geboren.

a. Bis 1987 .... er in Hawaï gelebt.

b. Mit 10 Jahren .... er in ein Internat in Deutschland gegangen.

c. 1990 .... er Abitur gemacht.

d. Er .... in München Medizin studiert.

e. Nach dem Studium .... er eine Stelle in Südafrika gefunden.

f. Er .... nach Südafrika gegangen.

g. Da .... er meine Mutter kennengelernt.

h. Drei Jahre später .... er sie geheiratet.

i. Und 9 Monate später .... ich auf die Welt gekommen.

MODULE 4 : ERZÄHL MAL !

Les verbes à particule

De nombreux verbes allemands (réguliers ou irréguliers) comportent une particule. On distingue plusieurs catégories de verbes à particule.

- Les verbes à particule inséparable : il existe en tout huit particules que tu retiendras plus facilement grâce au moyen mnémotechnique « Cerbère gémit en enfer » ➜ **zer-, be-, er-** (*Cerbère*), **ge-, miss-** (*gémit*), **emp-** (*en*), **ent-, ver-** (enfer).

  À un temps simple, il se conjugue comme un verbe sans particule :
  Ich erzähle mein Leben ➜ *Je raconte ma vie.*

  Le participe passé se forme sans **ge-** :
  Ich habe mein Leben erzählt ➜ *J'ai raconté ma vie.*

- Les verbes à particule séparable : les particules séparables sont nombreuses, comme **an-, um-, zurück-**, etc.

  À un temps simple, la particule se détache du verbe pour se placer en dernière position : **Ich fange mit dem Studium an** ➜ *Je commence les études.* (litt. *avec les études*).

  Le participe passé se forme avec la particule en tête du participe passé :
  Ich habe mit dem Studium angefangen ➜ *J'ai commencé les études.*

Dans la liste qui suit, les particules séparables sont indiquées par la barre oblique afin de les distinguer des particules inséparables.

bekommen	*recevoir*
sich bewerben um + accusatif	*poser sa candidature pour*
sich verlieben in + accusatif	*tomber amoureux de*
an/fangen	*commencer*
um/ziehen	*déménager*
zurück/kommen	*revenir*

3 Selon la règle ci-dessus, souligne la forme juste du participe passé.

   a. Mein Vater hat sich um eine Stelle in Afrika geworben / beworben / begeworben.

   b. Mein Vater hat eine Stelle in Südafrika bekommen / gekommen / gebekommen.

   c. Mein Vater ist nach Südafrika geumzogen / umzogen / umgezogen.

   d. Mein Vater hat 2001 mit seiner neuen Arbeit anfangen / geanfangen / angefangen.

   e. In Südafrika hat er sich in meine Mutter vergeliebt / verliebt / geverliebt.

   f. 2007 sind meine Eltern nach München zurückkommen / zurückgekommen / gekommenzurück.

MODULE 4 : ERZÄHL MAL!

L'emploi et la formation du prétérit des verbes réguliers et irréguliers

Le prétérit décrit un fait ou une action dans le passé. Pour les verbes réguliers (faibles) et irréguliers (forts), il est avant tout le temps du récit, comme dans les contes.

In alten Zeiten (…) lebte ein König…
→ *Dans les temps anciens (…) vivait un roi…*

- Les verbes réguliers (dits faibles) forment leur prétérit à partir du radical de l'infinitif + terminaisons **-te**, **-test**, **-te**, **-ten**, **-tet**, **-ten**.
- Les verbes irréguliers (dits forts) forment leur prétérit à partir du radical du verbe + terminaisons **Ø**, **-st**, **Ø**, **-en**, **-t**, **-en**.

	verbe régulier **machen**, *faire*	verbe irrégulier **gehen**, *aller*
ich	mach**te**	ging
du	mach**test**	ging**st**
er/sie/es	mach**te**	ging
wir	mach**ten**	ging**en**
ihr	mach**tet**	ging**t**
sie/Sie	mach**ten**	ging**en**

4 Complète le tableau de conjugaison selon les règles indiquées dans la leçon.

	sagen	sehen	rufen	leben
ich	……	sah	rief	……
du	……	……	……	……
er/sie/es	sag**te**	……	……	……
wir	……	……	……	leb**ten**
ihr	sag**tet**	sah**t**	rief**t**	……
sie/Sie	……	……	……	leb**ten**

MODULE 4 : ERZÄHL MAL !

L'emploi et la formation du prétérit des verbes *sein*, être, *haben*, avoir et *werden*

Aussi bien à l'écrit qu'à l'oral, les verbes **sein**, **haben** et **werden** s'emploient fréquemment au prétérit.

Hi, wo warst du? → *Salut, où étais-tu ?*

Ils présentent une conjugaison irrégulière.

	sein	haben	werden
ich	war	hatte	wurde
du	warst	hattest	wurdest
er/sie/es	war	hatte	wurde
wir	waren	hatten	wurden
ihr	wart	hattet	wurdet
sie/Sie	waren	hatten	wurden

5 Sans revenir sur la leçon, conjugue les verbes au prétérit aux personnes indiquées.

a. er ………………… (haben)

b. wir ………………… (werden)

c. ihr ………………… (haben)

d. Sie ………………… (sein)

e. du ………………… (sein)

f. ich ………………… (werden)

6 Voici plusieurs phrases tirées de contes et construites avec *sein*, *haben* ou *werden* au prétérit. Même si tu ne connais pas tous les mots, utilise ta capacité de déduction et relie chaque titre à sa traduction en français. Le texte peut légèrement varier d'une langue à l'autre.

a. Es war einmal…

b. Sie hatte einen wunderbaren Spiegel…

c. Schneewittchen (…) wurde immer schöner…

d. In dem Häuschen war alles klein…

e. Er hatte einen Rock für jede Stunde des Tages…

1. Il avait un costume pour chaque heure de chaque jour…

2. Tout était petit dans cette maison…

3. Elle possédait un miroir magique…

4. Il était une fois…

5. Blanche-Neige (…) devenait toujours plus belle…

MODULE 4 : ERZÄHL MAL!

L'emploi et la formation du prétérit des verbes de modalité

Les verbes de modalité forment leur prétérit sur le radical du prétérit + terminaisons **-te**, **-test**, **-te**, **-ten**, **-tet**, **-ten**. Tout comme pour **haben**, **sein** et **werden**, ces verbes sont, aussi bien à l'oral qu'à l'écrit, employés au prétérit.

	können *pouvoir / être capable*	**dürfen** *pouvoir / avoir le droit*	**sollen** *devoir (moral)*	**müssen** *devoir / il faut (ordre/ obligation)*	**wollen** *vouloir*	**mögen** *bien aimer*
ich	konn**te**	durf**te**	soll**te**	muss**te**	woll**te**	moch**te**
du	konn**test**	durf**test**	soll**test**	muss**test**	woll**test**	moch**test**
er/sie/es	konn**te**	durf**te**	soll**te**	muss**te**	woll**te**	moch**te**
wir	konn**ten**	durf**ten**	soll**ten**	muss**ten**	woll**ten**	moch**ten**
ihr	konn**tet**	durf**tet**	soll**tet**	muss**tet**	woll**tet**	moch**tet**
sie/Sie	konn**ten**	durf**ten**	soll**ten**	muss**ten**	woll**ten**	moch**ten**

7 Conjugue les verbes au prétérit aux personnes indiquées.

a. er .... (wollen)   d. ihr .... (dürfen)

b. ich .... (sollen)   e. du .... (müssen)

c. wir .... (können)   f. Sie .... (mögen)

8 Voici le début de *Rotkäppchen*, *Le Petit Chaperon rouge*. Indique l'infinitif des verbes en gras.

Es **war** (1. ....) einmal ein kleines süßes Mädchen,

das **hatte** (2. ....) jedermann lieb, der sie nur **ansah**

(3. ....), am allerliebsten aber ihre Großmutter,

die wusste gar nicht, was sie alles dem Kinde geben **sollte**

(4. ....). Einmal **schenkte** (5. ....)

sie ihm ein Käppchen von rotem Samt, und weil ihm das so wohl stand,

und es nichts anderes mehr tragen **wollte** (6. ....),

hieß (7. ....) es nur Rotkäppchen.

MODULE 4 : ERZÄHL MAL !

9 Voici plusieurs contes des frères Grimm. Sauras-tu retrouver les traductions des autres titres ?

Schneewittchen und die sieben Zwerge a.
Rotkäppchen b.
Dornröschen c.
Aschenputtel d.
Die Bremer Stadtmusikanten e.
Hänsel und Gretel f.
Die sieben Raben g.
Der Wolf und die sieben Geißlein h.
Rumpelstilzchen i.

1. Raiponce
2. Hansel et Gretel
3. Les Sept Corbeaux
4. Blanche-Neige et les sept nains
5. Le Loup et les sept chevreaux
6. Les Musiciens de Brême
7. Le Petit Chaperon rouge
8. Cendrillon
9. La Belle au bois dormant

Les noms d'usage et les sigles pour désigner les deux Allemagnes

De 1949 à 1990, l'Allemagne a été séparée en deux, avec :

- **die Bundesrepublik Deutschland**, *la République fédérale d'Allemagne*, qui correspondait à la partie ouest de l'Allemagne. La capitale était Bonn.

- **die Deutsche Demokratische Republik**, *la République démocratique allemande*, qui correspondait à la partie est de l'Allemagne. Celle-ci était sous l'emprise du régime communiste. Sa capitale était Berlin-Est.

Aussi bien pour la *République fédérale d'Allemagne* que pour la *République démocratique allemande*, on employait communément d'autres noms d'usages ou des sigles. Les connais-tu ? Teste tes connaissances dans l'exercice suivant.

MODULE 4 : ERZÄHL MAL !

10 À quelle Allemagne correspondent les noms d'usage et sigles suivants ?
Ostdeutschland ; *Westdeutschland* ; *BRD* ; *DDR*.

a. Bundesrepublik Deutschland: ....
....

b. Deutsche Demokratische Republik: ....
....

Le passif présent et prétérit à la 3e personne du singulier

Le passif permet de souligner l'action. Son emploi est plus fréquent en allemand qu'en français et il se traduit soit par une forme passive, soit par *on*. Il se forme à l'aide de l'auxiliaire **werden** + participe passé en dernière position.

- Le passif présent : **werden** se conjugue au présent.
  Exemple : **Die Mauer wird zerstört** ➜ *On détruit le mur.*

- Le passif prétérit : **werden** se conjugue au prétérit.
  Exemple : **Die Mauer wurde zestört** ➜ *Le mur fut détruit.*

Banque de mots

| die Berliner Mauer | *le mur de Berlin* | bauen (gebaut) | *construire (construit)* |
| öffnen (geöffnet) | *ouvrir (ouvert)* | gründen (gegründet) | *fonder (fondé)* |

11 Complète les traductions des faits historiques suivants et mémorise les dates.

a. *Le mur de Berlin fut construit le 21 août 1963.*

Die Berliner Mauer .... am 21. August 1963
....

b. *La RDA fut fondée le 7 octobre 1949.*

Die DDR .... am 7. Oktober 1949
....

c. Littéralement *Le mur fut ouvert le 9 novembre 1989.*

Die Mauer .... am 9. November 1989
....

MODULE 4 : ERZÄHL MAL!

L'expression de la date

- Pour indiquer le jour, on emploie la tournure **am** + nombre ordinal + **-en**. Souviens-toi que pour former un nombre ordinal, on ajoute un **-t** aux nombres jusqu'à 19 et **-st** à partir de 20. Exemples : **am 4. (vierten) April**, *le 4 avril* ; **am 22. (zweiundzwanzigsten) Mai**, *le 22 mai*. Irrégularités : **am 1. (ersten), 3. (dritten)** et **7. (siebten)**. À noter : écrit en chiffre, le nombre ordinal est toujours suivi d'un point.

- Pour indiquer l'année, on emploie les nombres cardinaux, mais attention !
  - De **1100** à **1900**, on parle en centaines : **1512** ➜ **fünfzehnhundertzwölf**, *quinze cent douze* ; 1900 ➜ **neunzehnhundert**, *dix-neuf cents*
  - À partir de **2000**, on parle en milliers : **2000** ➜ **zweitausend**, *deux mille* ; **2020** ➜ **zweitausendzwanzig**, *deux mille vingt*

12 Sans revenir sur la leçon précédente, souligne la bonne date et indique-la en toutes lettres.

a. Wann wurde die Berliner Mauer geöffnet?
   – Am 12. Mai 2010 / Am 14. April 1960 / Am 9. November 1989?

   ....

b. Wann wurde die Berliner Mauer gebaut?
   – Am 21. August 1963 / Am 14. April 1914 / Am 9. November 1989?

   ....

c. Wann wurde die DDR gegründet?
   – Am 21. August 1963 / Am 8. Mai 2000 / Am 7. Oktober 1949?

   ....

WIE WAR DAS LEBEN IN DER DDR?

Das Leben in der DDR war **anders als**[1] in der BRD. Wir waren nicht **so frei wie**[2] im Westen. **Auslandsreisen**[3] in den Westen (Italien, Frankreich…) waren **verboten**[4]. Wir durften nur in **Ostblockländer**[5] reisen: nach **Ungarn**[6], **Polen**[7] oder in die **Tschechoslowakei**[8].

Es gab[9] nur eine **Partei**[10], die **SED**[11], und **die Stasi** (die **Staatssicherheit**)[12] **kontrollierte**[13] **alles**[14]: unser **Privat-** und **Familienleben**[15], unseren Beruf, die Kultur, die Schule. Viele Menschen wurden **verhaftet**[16].

Es gab nicht so viel zu kaufen und man musste Schlange stehen. Manchmal mussten wir 2/3 Jahre warten, **um** ein Auto **zu**[17] kaufen. Und dann gab es nur zwei Farben.

Es war aber nicht alles **schlecht**[18] in der DDR. Die Menschen waren sehr **solidarisch**[19], **alle**[20] hatten Arbeit und die Kinder und die **Jugendlichen**[21] machten viel Sport.

1. **anders als**, *différent de* 2. **frei**, *libre* → **so frei wie**, *aussi libre que* 3. **die Auslandsreise (n)**, *le voyage à l'étranger* 4. **verboten**, *interdit* 5. **das Ostblockland (¨er)**, *le pays du bloc de l'Est* 6. **Ungarn**, *Hongrie* 7. **Polen**, *Pologne* 8. **Tschechoslowakei**, *Tchécoslovaquie* (correspond aujourd'hui à *la République Tchèque* et *la Slovaquie*) 9. **es gab**, *il y avait* 10. **die Partei (en)**, *le parti* 11. **SED** sont les initiales de **Sozialistische Einheitspartei Deutschlands**, *Parti socialiste unifié d'Allemagne* 12. **die Staatssicherheit**, abrégé **Stasi**, *la sécurité de l'État* 13. **kontrollieren**, *contrôler* 14. **alles**, *tout* 15. **das Privat-und Familienleben**, *la vie privée et de famille* 16. **verhaftet**, *arrêté* 17. **um… zu**, *afin de* 18. **schlecht**, *mauvais* 19. **solidarisch**, *solidaire* 20. **alle**, *tous* 21. **der Jugendliche (n)**, *le jeune*.

 Réponds aux questions.

a. Wohin durften die Ostdeutschen reisen?

....

b. Wie viele Parteien gab es in der DDR und wie hieß(en) sie?

....

c. Was machte die Stasi?

....

....

d. Was war gut in der DDR?

....

....

MODULE 4 : ERZÄHL MAL!

Bilan

L'emploi et la formation du parfait
1. .... ☐☐☐

L'emploi des auxiliaires
2. .... ☐☐☐

Les verbes à particule
3. .... ☐☐☐

L'emploi et la formation du prétérit des verbes réguliers et irréguliers
4. .... ☐☐☐

L'emploi et la formation du prétérit des verbes *sein*, être, *haben*, avoir et *werden*
5. .... ☐☐☐
6. .... ☐☐☐

L'emploi et la formation du prétérit des verbes de modalité
7. .... ☐☐☐
8. .... ☐☐☐

Les contes des frères Grimm
9. .... ☐☐☐

Les noms d'usage et les sigles pour désigner les deux Allemagnes
10. .... ☐☐☐

Le passif présent et prétérit à la 3e personne du singulier
11. .... ☐☐☐

L'expression de la date
12. .... ☐☐☐

Point Culture
13. .... ☐☐☐

Wir wollen die Erde retten

Objectifs

- **Parler du changement climatique et comparer avec le passé**
  Pour cela, nous allons voir :
  - du vocabulaire autour du sujet « Planète et écologie »
  - l'emploi et la formation du comparatif de supériorité
  - l'emploi et la formation du superlatif
  - le comparatif de supériorité et le superlatif des adjectifs épithètes

- **Exprimer l'intention / la volonté / la nécessité d'agir pour l'environnement**
  Pour cela, nous allons voir :
  - quelques verbes et tournures exprimant l'intention / la volonté / la nécessité
  - l'emploi et la formation du futur I (=futur simple)

- **Indiquer les bons gestes écologiques à connaître et l'objectif visé**
  Pour cela, nous allons voir :
  - la proposition subordonnée temporelle introduite par **wenn**, *quand / à chaque fois que*
  - la syntaxe de la proposition principale et subordonnée conjonctive
  - l'emploi et la formation de l'impératif
  - la proposition infinitive introduite par **um... zu...**, *afin de / pour*

- **POINT CULTURE**
  L'Allemagne de l'Est

Module 5

MODULE 5 : WIR WOLLEN DIE ERDE RETTEN

Planète et écologie

Tu vas commencer par étudier du vocabulaire autour du sujet « Planète et écologie ». Pour mieux le mémoriser, tu vas l'aborder en trois étapes.

der Planet (en)	la planète	die Tierart (en)	l'espèce animale
die Erde	la Terre	die Temperatur (en)	la température
die Umwelt	l'environnement	der Eisberg (e)	l'iceberg
die Luft	l'air	die Abgase	les émissions de gaz
das Klima	le climat	der Müll	les déchets
der Wald (¨er)	la forêt		

1 Ajoute les lettres manquantes.

a. U _ w _ lt, *environnement*
b. _ _ d _, *Terre*
c. _ u _ t, *air*
d. _ _ l _, *forêt*
e. Ab _ _ se, *émissions de gas*
f. _ _ _ be _ g, *iceberg*
g. _ ül _, *déchets*
h. _ l _ _ a, *climat*
i. T _ _ r _ rt, *race animale*
j. _ _ _ per _ tur, *température*

Planète et écologie

der Umweltschutz	la protection de l'environnement
die Umweltverschmutzung	la pollution (de l'environnement)
die Luftverschmutzung	la pollution de l'air
die Luftqualität	la qualité de l'air
der Klimawandel	le changement climatique
die Mülltrennung	le tri des déchets
das Waldsterben	le dépérissement des forêts
die Reinigungsaktion (en)	l'action de nettoyage

MODULE 5 : WIR WOLLEN DIE ERDE RETTEN

2 Recompose les noms composés avec les seconds termes suivants :
-schutz ; *-qualität* ; *-trennung* ; *-aktion* ; *-verschmutzung* ; *-sterben* ; *-wandel.*

a. das Wald ...., *le dépérissement des forêts*

b. die Umwelt ...., *la pollution de l'environnement*

c. der Klima ...., *le changement climatique*

d. der Umwelt ...., *la protection de l'environnement*

e. die Luft ...., *la qualité de l'air*

f. die Müll ...., *le tri des déchets*

g. die Reinigungs ...., *l'action de nettoyage*

Planète et écologie

steigen	*augmenter*
schmelzen	*fondre*
aus/sterben	*dépérir*
verschmutzen	*polluer*

3 Complète ces slogans avec les verbes de la leçon.

a. **VIELE TIERARTEN**
....
....

b. **DIE EISBERGE**
....
....

c. **DIE ABGASE**
....
.... **DIE LUFT.**

d. **DIE TEMPERATUREN**
....
....

MODULE 5 : WIR WOLLEN DIE ERDE RETTEN

L'emploi et la formation du comparatif de supériorité

On emploie le comparatif de supériorité pour comparer deux (groupes de) choses/personnes.

Il se forme en ajoutant le suffixe **-er** à l'adjectif / l'adverbe : **heiß**, *très chaud / torride* → **heißer**, *plus chaud / torride* ; **stickig**, *étouffant* → **stickiger**, *plus étouffant*.

La grande majorité des monosyllabes en **a**, **o** ou **u** prennent un **Umlaut** : **kalt**, *froid* → **kälter**, *plus froid*.

Certains adjectifs/adverbes ont une forme irrégulière : **gut** → **besser**, *meilleur/mieux* ; **hoch** → **höher**, *plus haut* ; **viel** → **mehr**, *plus*.
Die nächsten Sommer werden heißer → *Les étés prochains seront plus chauds.*
Die Luft war früher besser → *L'air était meilleur avant.*

L'élément comparé est précédé de **als**, *que* :
Heute sind die Sommer heißer als früher → *Aujourd'hui, les étés sont plus chauds qu'avant.*

La tournure *de plus en plus* se traduit par **immer** + comparatif de supériorité.
Es wird immer heißer → *Il fait de plus en plus chaud.*

Banque de mots

dreckig	*sale*
licht	*clairsemé*
schlecht	*mauvais*

4 Mets les adjectifs au comparatif de supériorité.

a. Die Eisberge werden immer .... (klein)

b. Das Meer ist heute .... (dreckig) als früher.

c. Die Temperaturen steigen immer .... (viel)

d. Es wird immer .... (warm)

e. Früher war die Luftqualität .... (gut) als heute.

MODULE 5 : WIR WOLLEN DIE ERDE RETTEN

5 Complète les phrases avec *das Meer*, *die Luft*, *die Wälder*.

a. 〰️ Heute ist .... dreckiger als früher.

b. 🌲 Heute sind .... lichter als früher.

c. 🌀 Heute ist .... schlechter als früher.

L'emploi et la formation du superlatif

On emploie le superlatif pour comparer trois (groupes de) choses/personnes ou plus.

Il se forme en ajoutant le suffixe **-(e)sten** à l'adjectif/adverbe précédé de **am** ; le **e** phonétique vaut pour les adjectifs/adverbes terminés en **-d**, **-t** ou **-s**, **-ß**, **-z** : **am stickigsten**, *le plus étouffant* ; **am heißesten**, *le plus chaud*. Exception : **groß** prend juste un **-ten** → **am größten**, *le plus grand*.

Les monosyllabes prenant une inflexion au comparatif de supériorité la prennent aussi au superlatif : **am wärmsten**, *le plus chaud* ; **am höchsten**, *le plus haut*.

Parmi les irrégularités, note **gut** → **am besten**, *le mieux* ; **viel** → **am meisten**, *le plus*. **In welchem Jahr war es am heißesten?** → *En quelle année a-t-il fait le plus chaud ?*

6 Forme des superlatifs.

a. In welchem Jahr hat es .... (wenig) geregnet?

b. In welchem Jahr hat es .... (viel) geschneit?

c. In welchem Jahr war es .... (warm)?

d. In welchem Jahr war die Luftqualität .... (gut)?

MODULE 5 : WIR WOLLEN DIE ERDE RETTEN

7 Complète avec le comparatif de supériorité ou le superlatif.

	comparatif de supériorité	superlatif
schlecht	schlechter	am ....
viel	mehr	am ....
dreckig	....	am dreckigsten
warm	....	am wärmsten
kalt	kälter	am ....

Le comparatif de supériorité et le superlatif des adjectifs épithètes

- Comparatif de supériorité : la règle et les irrégularités sont les mêmes que pour l'adjectif attribut. Il faut juste ajouter la terminaison de l'adjectif épithète. Exemple : **Wir kämpfen für eine schönere und bessere Umwelt** ➔ *Nous luttons pour un plus bel et meilleur environnement.*

- Superlatif : l'adjectif épithète prend la marque **-(e)st** + terminaison de l'adjectif épithète. La règle du **e** phonétique et du **Umlaut** ainsi que les irrégularités sont les mêmes que pour l'adjectif attribut : **Es war der wärmste Tag des Jahres** ➔ *C'était la journée la plus chaude de l'année.*

8 Indique le comparatif de supériorité et le superlatif.

	comparatif de supériorité	superlatif
die gute Luftqualität	....	....
der dreckige Strand	....	....
die hohe Temperatur	....	....
den warmen Sommer	....	....

MODULE 5 : WIR WOLLEN DIE ERDE RETTEN

9. Complète les tires de journaux avec des superlatifs.

a. **WIR ZEIGEN DIE .... STRÄNDE DER WELT.**

Nous montrons les plus belles plages du monde.

b. **DER .... EISBERG DER WELT HAT SICH LOSGERISSEN.**

Le plus grand iceberg du monde s'est détaché.

c. **DER .... SOMMER DES JAHRHUNDERTS.**

L'été le plus torride du siècle.

Quelques verbes et tournures exprimant l'intention / la volonté / la nécessité

versuchen	essayer
vor/haben	avoir l'intention
es ist wichtig	il est important
es ist notwendig	il est nécessaire
es ist eine Pflicht	c'est un devoir / une obligation

Ces verbes et tournures sont suivis d'une proposition infinitive introduite par **zu**, *à/de* : **Es ist wichtig zu helfen** ➔ *Il est important d'aider* ; **Wir haben vor, den Strand zu reinigen** ➔ *Nous avons l'intention de nettoyer la plage.*

Banque de mots

schützen	protéger
reinigen	nettoyer
verhindern	empêcher
bedroht	menacé
retten	sauver

MODULE 5 : WIR WOLLEN DIE ERDE RETTEN

 Remets les mots des slogans allemands dans l'ordre.

a. *C'EST NOTRE DEVOIR DE SAUVER LES ESPÈCES ANIMALES MENACÉES.*

PFLICHT / TIERARTEN / IST / BEDROHTEN / SCHÜTZEN / ZU / ES / DIE / UNSERE

....

b. *IL EST NÉCESSAIRE DE SAUVER LA TERRE.*

DIE / RETTEN / ERDE / ZU / IST / ES / NOTWENDIG

....

c. *IL EST IMPORTANT DE LIMITER LA POLLUTION DE L'ENVIRONNEMENT.*

ZU / DIE / BEGRENZEN / IST / ES / UMWELTVERSCHMUTZUNG / WICHTIG

....

L'emploi et la formation du futur I

ich werde … kämpfen	wir werden … kämpfen
du wirst … kämpfen	ihr werdet … kämpfen
er/sie/es wird … kämpfen	sie/Sie werden … kämpfen

Pour exprimer une intention de faire quelque chose dans l'avenir, on emploie le futur I (=futur simple). Il se forme avec l'auxiliaire **werden** au présent + l'infinitif du verbe en dernière position : **Ich werde für die Umwelt kämpfen** ➜ *Je vais lutter/lutterai pour l'environnement.*

die Energie (n)	*l'énergie*
das Licht (er)	*la lumière*
sparen	*économiser*
umweltfreundlich	*écologique*
schützen	*protéger*
der Wasserhahn ➜ den Wasserhahn zudrehen	*le robinet ➜ fermer le robinet*
den Müll trennen	*trier les ordures*
die Mülltonne (n)	*la poubelle*

MODULE 5 : WIR WOLLEN DIE ERDE RETTEN

11. Mets ces phrases au futur I.

a. Er kauft ein umweltfreundliches Auto.

....

b. Sie starten eine Reinigungsaktion.

....

c. Ihr schützt bedrohte Tierarten.

....

d. Du sparst viel Energie.

....

12. Complète les phrases par *Müll*, *Auto*, *Licht*, *Tierarten*, *Wasserhahn*.

Ich werde…

a. … immer das .... ausmachen.

b. … die bedrohten .... schützen.

c. … den .... trennen.

d. … den .... zudrehen.

e. … ein umweltfreundliches .... fahren.

MODULE 5 : WIR WOLLEN DIE ERDE RETTEN

La proposition subordonnée temporelle introduite par *wenn*, quand / à chaque fois que

La proposition subordonnée temporelle *quand / à chaque fois que* est introduite par la conjonction de subordination **wenn** en allemand. Exemple :
Ich verschließe den Topf mit einem Deckel, wenn ich koche
→ *Je couvre la casserole avec un couvercle quand je cuisine.*

benutzen	*employer*
aus/machen	*éteindre*
der Weg (e)	*le chemin*
die Heizung	*le chauffage*
einen Raum verlassen	*quitter une pièce*
sich die Zähne putzen	*se brosser les dents*
nicht… mehr…	*ne… plus…*
kurz	*court*

13. Relie chaque proposition principale avec sa proposition subordonnée.

a. Ich mache den Computer aus, •   • 1. wenn der Weg kurz ist.

b. Ich drehe den Wasserhahn zu, •   • 2. wenn es nicht kalt ist.

c. Ich nehme das Fahrrad,   •   • 3. wenn ich mir die Zähne putze.

d. Ich mache die Heizung aus,   •   • 4. wenn ich ihn nicht mehr benutze.

La syntaxe de la proposition principale et subordonnée conjonctive

- Si la proposition principale est en tête, le verbe conjugué de la proposition principale occupe la 2ᵉ place ; le verbe conjugué de la proposition subordonnée conjonctive se trouve en dernière position. Exemple : **Ich gehe zu Fuß, wenn das Wetter schön ist** → *Je vais à pied quand il fait beau.*

- Si la proposition subordonnée est en tête, le verbe conjugué de la proposition principale occupe la 1ʳᵉ place devant le sujet ; le verbe conjugué de la proposition subordonnée conjonctive se trouve en dernière position. Exemple : **Wenn das Wetter schön ist, gehe ich zu Fuß** → *Quand il fait beau, je vais à pied.*

- Si le verbe conjugué de la proposition principale comporte une particule séparable ou bien régit un infinitif ou un participe passé, ceux-ci se placent en dernière position.

MODULE 5 : WIR WOLLEN DIE ERDE RETTEN

- Si le verbe conjugué de la proposition subordonnée conjonctive comporte une particule séparable ou bien régit un participe passé ou un infinitif, ceux-ci se placent juste devant le verbe conjugué. Note que la particule séparable est rattachée au verbe. Exemples :

Ich mache die Heizung aus, wenn ich das Fenster aufmache
➜ *J'éteins le chauffage quand j'ouvre la fenêtre.*

Wenn ich das Fenster aufmache, mache ich die Heizung aus
➜ *Quand j'ouvre la fenêtre, j'éteins le chauffage.*

Ich kann die Heizung ausmachen, wenn du das Zimmer lüften willst
➜ *Je peux éteindre le chauffage, si tu veux aérer la pièce.*

Wenn du das Zimmer lüften willst, kann ich die Heizung ausmachen
➜ *Si tu veux aérer la pièce, je peux éteindre le chauffage.*

Note que **wenn** signifie également *si* (cf. module 6).

14 Inverse l'ordre des propositions.

a. Wir nehmen das Fahrrad, wenn das Wetter schön ist.

....

b. Ich mache das Licht aus, wenn ich einen Raum verlasse.

....

c. Sie machen die Heizung aus, wenn es warm ist.

....

d. Wir können mit dem Bus fahren, wenn du früher ankommen willst.

....

15 Transformez les propositions entre parenthèses en subordonnée introduite par wenn.

a. Wir machen die Heizung aus, wenn ....
.... (Wir machen das Fenster auf).

b. Ich fahre nicht mit dem Auto, wenn ....
.... (Der Weg ist kurz.).

c. Er dreht den Wasserhahn zu, wenn ....
.... (Er putzt sich die Zähne).

75

MODULE 5 : WIR WOLLEN DIE ERDE RETTEN

L'emploi et la formation de l'impératif

L'emploi de l'impératif est très courant en allemand. Employé avec **bitte**, *s'il te/vous plaît*, il sert à demander quelque chose poliment. Le français préfère d'autres tournures comme *bien vouloir*.

Mach bitte den Computer aus, wenn du den Raum verlässt → *Tu veux bien éteindre l'ordinateur quand tu quittes la pièce ?*

L'impératif se forme comme suit :

- La 2ᵉ personne du singulier se conjugue comme au présent de l'indicatif sans le pronom personnel **du** et sans la terminaison **-st**. Attention ! Les verbes irréguliers en **-a** perdent leur **Umlaut** : **du machst aus** → **Mach aus!** *Éteins !* **Du fährst** → **Fahr!** *Roule !*

- La 2ᵉ personne du pluriel se conjugue comme au présent de l'indicatif sans le pronom personnel **ihr** : **Ihr macht aus** → **Macht aus!** *Éteignez !*

- La forme de politesse se conjugue comme au présent de l'indicatif avec inversion pronom personnel **Sie** / verbe conjugué : **Sie machen aus** → **Machen Sie aus!** *Éteignez !*

16 Forme des phrases impératives avec *bitte* et les groupes infinitifs suivants : *die Heizung ausmachen, den Wasserhahn zudrehen, das Fahrrad nehmen, das Licht ausmachen.*

Exemple :

 ➕ du → Mach bitte den Computer aus, wenn du den Raum verlässt.

a.  ➕ ihr → ...., wenn ihr den Raum verlasst.

b.  ➕ du → ...., wenn du dir die Zähne putzt.

c.  ➕ ihr → ...., wenn der Weg kurz ist.

MODULE 5 : WIR WOLLEN DIE ERDE RETTEN

La proposition infinitive introduite par *um… zu…*, *afin de / pour*

La proposition infinitive **um… zu…**, *afin de / pour* exprime le but / l'objectif d'une action. La place de **zu** est la même que dans la proposition infinitive avec **zu** ; **um** se place devant les compléments.

Cette construction ne peut s'employer que si le sujet de la proposition infinitive est le même que celui de la proposition principale.

Wir starten eine Aktion, um die Strände zu reinigen
→ *Nous lançons une opération pour nettoyer les plages.*

17 Relie les propositions principales avec leur proposition infinitive correspondante.

a. Wir haben mehrere Mülltonnen, • • 1. um die Umweltverschmutzung zu verhindern.

b. Wir drehen den Wasserhahn zu, • • 2. um Energie zu sapren.

c. Wir haben umweltfreundliche Autos, • • 3. um den Müll zu trennen.

d. Wir machen das Licht aus, • • 4. um Wasser zu sparen.

DIE ERSTE MÜLLTONNE

Früher wurde der Müll **aus dem Fenster geworfen**[1]. **Wegen**[2] **des Gestanks**[3] und **vor allem**[4] **wegen der Pest**[5]. **Im späten Mittelalter**[6] suchten die **Stadteinwohner**[7] **nach**[8] einer anderen **Lösung**[9]. Also rief man einen **Fuhrmann**[10]. Er ging mit seinem **Karren**[11] **durch**[12] die Stadt, um den Müll zu **sammeln**[13].

1. **aus dem Fenster werfen**, *jeter par la fenêtre* 2. **wegen** + gén., *à cause de* 3. **der Gestank**, *la puanteur* 4. **vor allem**, *avant tout* 5. **die Pest**, *la peste* 6. **im späten Mittelalter**, *à la fin du Moyen Âge* 7. **der Stadteinwohner (-)**, *l'habitant de la ville* 8. **suchen nach**, *chercher/réfléchir à* 9. **die Lösung (en)**, *la solution* 10. **der Fuhrmann (¨er)**, *le charretier* 11. **der Karren (-)**, *la charrette* 12. **durch** + acc., *à travers* 13. **sammeln**, *collectionner*.

Die erste Mülltonne ist **anscheinend**[14] 1895 in Berlin "geboren". Heute gibt es **in jedem Haushalt**[15] vier Mülltonnen:
1) eine graue Mülltonne für den **Restmüll**[16];
2) eine braune Mülltonne für den **Biomüll**[17];
3) eine blaue Mülltonne für **Papier**[18];
4) eine gelbe Mülltonne für **Wertstoffe**[19].

14. **anscheinend**, *apparemment* 15. **der Haushalt**, *le foyer* → **in jedem Haushalt**, *dans chaque foyer* 16. **der Restmüll**, *les déchets non recyclables* 17. **der Biomüll**, *les déchets biodégradables* 18. **das Papier**, *le papier* 19. **der Wertstoff (e)**, *le matériau recyclable.*

18 **Réponds aux questions.**

a. Was wurde früher mit dem Hausmüll gemacht?

....

b. Weswegen[1] suchten die Stadeinwohner nach einer anderen Lösung?

....

c. Wo und wann gab es die erste Mülltonne?

....

d. Wie viele Mülltonnen gibt es in jedem Haushalt?

....

e. In welche Mülltonne wird der Restmüll geworfen?

....

1. **weswegen**, *à cause de quoi.*

MODULE 5 : WIR WOLLEN DIE ERDE RETTEN

Bilan

😃 😐 ☹️

Vocabulaire : planète et écologie
1. .... ☐☐☐
2. .... ☐☐☐
3. ....

L'emploi et la formation du comparatif de supériorité
4. .... ☐☐☐
5. ....

L'emploi et la formation du superlatif
6. .... ☐☐☐
7. ....

Le comparatif de supériorité et le superlatif des adjectifs épithètes
8. .... ☐☐☐
9. ....

Quelques verbes et tournures exprimant l'intention / la volonté / la nécessité
10. .... ☐☐☐

L'emploi et la formation du futur I
11. .... ☐☐☐
12. ....

La proposition subordonnée temporelle introduite par *wenn*, quand / à chaque fois que
13. .... ☐☐☐

La syntaxe de la proposition principale et subordonnée conjonctive
14. .... ☐☐☐
15. ....

L'emploi et la formation de l'impératif
16. .... ☐☐☐

La proposition infinitive introduite par *um… zu…*, afin de / pour
17. .... ☐☐☐

Point Culture
18. .... ☐☐☐

Meine Wünsche, Träume und Glückwünsche

Objectifs

- **Parler de projets en formulant des hypothèses**
  Pour cela, nous allons voir :
  - la proposition subordonnée conditionnelle introduite par **wenn** + présent de l'indicatif
  - quelques projets/souhaits
  - l'emploi et la formation du subjonctif II
  - la proposition subordonnée conditionnelle introduite par **wenn** + subjonctif II

- **Parler de rêves/d'exploits et indiquer les degrés de préférence**
  Pour cela, nous allons voir :
  - quelques rêves
  - l'emploi de **lieber** et **am liebsten**
  - quelques exploits historiques
  - les pronoms relatifs au nominatif

- **Présenter ses vœux (de bonheur, de succès, pour l'anniversaire…)**
  Pour cela, nous allons voir :
  - l'emploi du verbe **wünschen**, *souhaiter*
  - l'emploi de l'expression **Herzlichen Glückwunsch**, *Toutes mes félicitations*

- **POINT CULTURE**
  Felix Baumgartner

Module 6

MODULE 6 : MEINE WÜNSCHE, TRÄUME UND GLÜCKWÜNSCHE

La proposition subordonnée conditionnelle introduite par *wenn*, si + présent de l'indicatif

La proposition subordonnée conditionnelle *si* est introduite par la conjonction de subordination **wenn** en allemand.

Si la condition est pensée comme réalisable dans le présent, on emploie le présent dans la proposition principale et dans la proposition subordonnée. Exemples :

Ich mache den Mofa-Führerschein, wenn es nicht zu teuer ist
➜ *Je passerai* (litt. *passe*) *mon permis scooter si ce n'est pas trop cher.*

Wenn es nicht teuer ist, mache ich den Mofa-Führerschein
➜ *Si ce n'est pas cher, je passerai* (litt. *passe*) *mon permis scooter.*

Quelques projets/souhaits

das Surfbrett (er)	la planche de surf
➜ ein Surfbrett bekommen	➜ recevoir une planche de surf
der Mofa-Führerschein (e)	le permis scooter
➜ den Mofa-Führerschein machen	➜ passer le permis scooter
das Auslandsjahr (e)	l'année à l'étranger/linguistique
➜ ein Auslandsjahr in… verbringen	➜ passer une année linguistique en…
die Riesenparty (s)	la grosse fête
➜ eine Riesenparty zum Geburtstag machen	➜ faire une grosse fête pour l'anniversaire
das Stipendium (Stipendien)	la bourse d'étude
➜ ein Stipendium bekommen	➜ recevoir une bourse d'étude
damit einverstanden sein	être d'accord avec qqch.

MODULE 6 : MEINE WÜNSCHE, TRÄUME UND GLÜCKWÜNSCHE

1 **Complète les phrases avec :** *Stipendium* ; *Mofa-Führerschein* ; *Surfbrett* ; *Riesenparty*.

a. Ich mache den .... , wenn es nicht zu teuer ist.

b. Wenn ich ein .... bekomme, verbringe ich ein Auslandsjahr in Australien.

c. Wenn meine Eltern damit einverstanden sind, mache ich eine

.... zum Geburtstag.

d. Ich bekomme ein neues .... , wenn ich gute Noten schreibe.

L'emploi et la formation du subjonctif II

Le subjonctif II correspond au conditionnel et s'emploie pour exprimer un souhait, un espoir, une affirmation conditionnelle ou irréelle.

- Le subjonctif II des auxiliaires et des verbes de modalité se forme à partir du prétérit + une inflexion sur la voyelle du radical (sauf **wollen** et **sollen**). Note que **sein** prend un **-e** aux 1re et 3e personnes du singulier.

	sein	haben	können	dürfen	mögen	wollen	müssen	sollen
ich	wäre	hätte	könnte	dürfte	möchte	wollte	müsste	sollte
du	wärst	hättest	könntest	dürftest	möchtest	wolltest	müsstest	solltest
er/sie/es	wäre	hätte	könnte	dürfte	möchte	wollte	müsste	sollte
wir	wären	hätten	könnten	dürften	möchten	wollten	müssten	sollten
ihr	wärt	hättet	könntet	dürftet	möchtet	wolltet	müsstet	solltet
sie/Sie	wären	hätten	könnten	dürften	möchten	wollten	müssten	sollten

MODULE 6 : MEINE WÜNSCHE, TRÄUME UND GLÜCKWÜNSCHE

- Pour les autres verbes, le subjonctif II se forme généralement avec **werden** au subjonctif II (cf. module 2) + infinitif en dernière position :
Ich würde mehr reisen ➜ *Je voyagerais plus.*
Du würdest mehr reisen ➜ *Tu voyagerais plus.*

2 Conjugue les verbes au subjonctif II des personnes indiquées.

a. können ➜ wir ....
b. gehen ➜ ihr ....
c. sein ➜ ich ....
d. haben ➜ du ....
e. fahren ➜ sie (plur.) ....
f. müssen ➜ er ....
g. dürfen ➜ ich ....
h. mögen ➜ ihr ....

La proposition subordonnée conditionnelle introduite par *wenn*, si + subjonctif II

Si la condition est pensée comme irréalisable dans le présent, on emploie le subjonctif II dans la proposition principale et subordonnée. Exemples :

Ich würde den Mofa-Führerschein **machen**, **wenn** es nicht teuer **wäre**
➜ *Je passerais mon permis scooter si ce n'était* (litt. *serait*) *pas cher.*

Wenn es nicht teuer **wäre**, **würde** ich den Mofa-Führerschein **machen**
➜ *Si ce n'était* (litt. *serait*) *pas cher, je passerais mon permis scooter.*

Banque de mots

das Segelboot (e)	le voilier
die Weltreise (n)	le tour du monde
das Pferd (e)	le cheval
am Meer	au bord de la mer

MODULE 6 : MEINE WÜNSCHE, TRÄUME UND GLÜCKWÜNSCHE

3 Mets ces phrases au subjonctif II et traduis les pictos par : *Meer, Pferd, Riesenparty, Segelboot, die Weltreise.*

a. Wenn wir Geld haben, kaufen wir ein  .

....

b. Wenn wir am  wohnen, können wir segeln.

....

c. Wir kaufen ein  , wenn wir am Meer wohnen.

....

d. Wenn meine Eltern damit einverstanden sind,

mache ich nach dem Abitur eine   .

....

e. Ich darf eine   machen, wenn ich bessere Noten habe.

....

Quelques rêves

zum Mond fliegen	*aller sur la Lune*
aus der Stratosphäre springen	*sauter de la stratosphère*
den Mount Everest besteigen	*escalader le mont Everest*
einen Formel-Eins-Wagen-fahren	*conduire une Formule 1*
um die Welt segeln	*faire le tour du monde à la voile*
an einer Expedition durch Grönland teilnehmen	*participer à une expédition à travers le Groenland*

MODULE 6 : MEINE WÜNSCHE, TRÄUME UND GLÜCKWÜNSCHE

 As-tu bien mémorisé le vocabulaire ? Relie chaque rêve/exploit avec son picto correspondant.

Ich würde gern…   *J'aimerais bien…*

a. … um die Welt segeln. •   • 1

b. … an einer Expedition durch Grönland teilnehmen. •   • 2

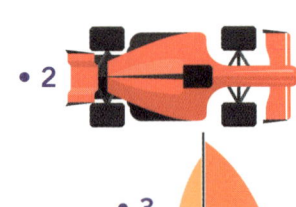

c. … den Mount Everest besteigen. •   • 3

d. … zum Mond fliegen. •   • 4

e. … einen Formel-Eins-Wagen fahren. •   • 5

f. … aus der Stratosphäre springen. •   • 6

L'emploi de *lieber* et *am liebsten*

- **lieber** exprime la préférence entre 2 possibilités et se traduit par *mieux aimer* ou *préférer*. Exemple entre aller sur la Lune ou sur Mars :
  Ich würde lieber zum Mars fliegen ➜ *Je préférerais aller sur Mars.*

- **am liebsten** exprime la préférence entre au minimum 3 possibilités et se traduit par *aimer* (sous-entendu *le plus*) ou *préférer* (sous-entendu *le plus*). Il se place soit derrière le verbe conjugué, soit en tête de phrase. Exemple entre aller sur la Lune ou sur Mars ou sauter de la stratosphère :
  Ich würde am liebsten zum Mars fliegen / Am liebsten würde ich zum Mars fliegen ➜ *Je préférerais aller sur Mars.*

MODULE 6 : MEINE WÜNSCHE, TRÄUME UND GLÜCKWÜNSCHE

5 **Complète les phrases avec *lieber* ou *am liebsten* et la préférence indiquée en gras.**

a. faire le tour du monde à cheval ; **faire le tour du monde à la voile** ; escalader le mont Everest

Wir würden ....

b. aller sur Mars ; **sauter de la stratosphère**

Er würde ....

c. faire le tour du monde à cheval ; **conduire une Formule 1**

Sie würden ....

d. conduire une Formule 1 ; faire le tour du monde à la voile ; **escalader le mont Everest**

.... würde ich ....

Exploits historiques

den Südpol erreichen	atteindre le pôle Sud
den Fuß auf den Mond setzen	mettre le pied sur la Lune
auf dem Gipfel des Mount Everest stehen	être au sommet du mont Everest
im freien Fall die Schallmauer durchbrechen	percer le mur du son en chute libre

6 **Relie chaque exploit au picto correspondant.**

a. Am 21.7.1963 setzte der erste Mensch den Fuß auf den Mond.

1

b. Am 16.5.1975 stand die erste Frau auf dem Gipfel des Mount Everest.

2

c. Am 14.10.2012 durchbrach der erste Mensch im freien Fall die Schallmauer.

3

d. Am 14.12.1911 erreichte der erste Mensch den Südpol.

4

MODULE 6 : MEINE WÜNSCHE, TRÄUME UND GLÜCKWÜNSCHE

La proposition relative sujet

La proposition relative est une proposition subordonnée avec le verbe conjugué en dernière position. Elle est précédée d'une virgule ou encadrée par deux virgules quand elle est insérée dans la phrase.

On emploie le pronom relatif sujet lorsque celui-ci est sujet dans la proposition relative. Il est identique à l'article défini et s'accorde en genre et en nombre à son antécédent. Il équivaut à *qui* en français.

masculin	féminin	neutre	pluriel
der	**die**	**das**	**die**

Féminin singulier : **Wer war die erste Frau, die auf dem Gipfel des Mount Everest stand?** → *Qui était la première femme qui gravit le sommet du mont Everest ?* (litt. *a été / s'est trouvée*)

Masculin singulier : **Der erste Mensch, der den Südpol erreichte, war der Norweger Roald Amundsen** → *Le premier homme qui a atteint le pôle Sud était le Norvégien Roald Amundsen.*

7 Forme des propositions relatives en remettant les éléments dans le bon ordre.

a. Die Japanerin Junko Tabei war die erste Frau, ...
.... (stand/auf dem Gipfel/die/des Mount Everest).

b. Der erste Mensch, ...
.... (die Schallmauer/im freien Fall/der/durchbrach), war Felix Baumgartner.

c. Neil Armstrong war der erste Mensch ....
.... (setzte/den Fuß/der/auf den Mond).

d. Wer war der erste Mensch ....
.... (erreichte/der/den Südpol)?

MODULE 6 : MEINE WÜNSCHE, TRÄUME UND GLÜCKWÜNSCHE

L'emploi du verbe *wünschen*, souhaiter

Le verbe **wünschen** signifie *souhaiter*. Il s'emploie pour *souhaiter bonne chance, joyeux anniversaire*, etc. Voici plusieurs exemples dans l'exercice qui suit. Sauras-tu retrouver leur équivalent en français ?

8 Relie chaque exemple allemand avec sa traduction en français.

Ich wünsche dir…   *Je te souhaite…*

- a. … viel Glück.
- b. … viel Erfolg.
- c. … frohe Ostern.
- d. … gute Besserung.
- e. … alles Gute zum Geburtstag.
- f. … Frohe Weihnachten.
- g. … ein gutes Neues Jahr.

- 1. … *une bonne année.*
- 2. … *un joyeux anniversaire.*
- 3. … *un prompt rétablissement.*
- 4. … *de joyeuses Pâques.*
- 5. … *beaucoup de succès.*
- 6. … *un joyeux Noël.*
- 7. … *bonne chance.*

L'emploi de l'expression *Herzlichen Glückwunsch, Toutes mes félicitations*

Pour féliciter quelqu'un pour un événement (naissance, anniversaire…), on emploie **Herzlichen Glückwunsch**, *Toutes mes/nos félicitations*. Retrouve la deuxième partie correspondant à la traduction. Utilise ta capacité de déduction.

9 Relie chaque exemple allemand avec sa traduction en français.

Herzlichen Glückwunsch…   *Toutes mes félicitations…*

- a. … zur Hochzeit.
- b. … zum Geburtstag.
- c. … zum Abitur
- d. … zur Geburt eurer Tochter.

- 1. … *pour le baccalauréat.*
- 2. … *pour le mariage.*
- 3. … *pour la naissance de votre fille.*
- 4. … *pour ton/votre anniversaire.*

FELIX BAUMGARTNER

Felix Baumgartner ist ein österreichischer **Extremsportler**[1], der durch seinen Sprung **weltberühmt**[2] geworden ist. Am 14. Oktober 2012 springt er aus einer **Höhe**[3] von 38 969,4 Metern. Damit **bricht** Baumgartner alle **Rekorde**[4]. Mit einem Sprung von 4 Minuten und 19 Sekunden und einer **Höchstgeschwindigkeit**[5] von 1 357,6 km/h ist der Österreicher auch schneller als im Juli 2012, wo er eine Höchstgeschwindigkeit von 864 km/h **erreichte**[6].

Zwei Jahre später bricht der Amerikaner, Alan Eustace, Baumgartners **Weltrekord**[7]. Am 25. Oktober 2014 springt der Amerikaner aus 41 Kilometern Höhe.

1. **der Extremsportler (-)**, *le sportif de l'extrême* 2. **weltberühmt**, *mondialement connu* 3. **die Höhe**, *hauteur* 4. **der Rekord (e)**, *le record* → **einen Rekord brechen**, *battre un record* 5. **die Höchstgeschwindigkeit**, *la vitesse maximum* 6. **erreichen**, *atteindre* 7. **der Weltrekord (e)**, *le record du monde*.

10 Réponds aux questions suivantes.

a. Woher kommt Felix Baumgartner?

....

....

b. Wann und wodurch ist er welberühmt geworden?

....

....

c. Aus welcher Höhe ist Felix Baumgartner gesprungen?

....

....

d. Wie lange dauerte der Sprung?

....

....

e. Welche Höchstgeschwindigkeit erreichte er?

....

....

f. Wer hat später Baumgartners Rekord gebrochen?

....

....

MODULE 6 : MEINE WÜNSCHE, TRÄUME UND GLÜCKWÜNSCHE

Bilan

La proposition subordonnée conditionnelle introduite par *wenn*, si + présent de l'indicatif + qqs souhaits/projets
1. .... ☐ ☐ ☐

L'emploi et la formation du subjonctif II
2. .... ☐ ☐ ☐

La proposition subordonnée conditionnelle introduite par *wenn*, si + subjonctif II
3. .... ☐ ☐ ☐

Quelques rêves
4. .... ☐ ☐ ☐

L'emploi de *lieber* et *am liebsten*
5. .... ☐ ☐ ☐

Quelques exploits historiques
6. .... ☐ ☐ ☐

La proposition relative sujet
7. .... ☐ ☐ ☐

L'emploi du verbe *wünschen*, souhaiter
8. .... ☐ ☐ ☐

L'emploi de l'expression *Herzlichen Glückwunsch*, Toutes mes félicitations
9. .... ☐ ☐ ☐

Point Culture
10. .... ☐ ☐ ☐

Die Übung macht den Meister

Objectifs

Ce module est un peu particulier. Son titre **Die Übung macht den Meister** signifie *C'est en forgeant que l'on devient forgeron*, littéralement *L'entraînement fait le maître*. C'est aussi son objectif. Ses différentes leçons vont te permettre de consolider, d'approfondir et de compléter les différents points de grammaire abordés aux cours des modules précédents. **Los geht's!** *C'est parti !*

- **Travailler autour du groupe nominal**
  Pour cela, nous allons voir :
  - le genre des noms
  - le pluriel des noms
  - les démonstratifs **dieser, diese, dieses** et **diese**
  - le pronom indéfini sujet **man**, *on*
  - le pronom impersonnel **es**, *il*
  - les prépositions à cas fixe
  - les prépositions mixtes
  - les prépositions **an, in, nach, um, zu**

- **Travailler autour du groupe verbal**
  Pour cela, nous allons voir :
  - 30 verbes principaux au présent de l'indicatif et au parfait
  - les 6 verbes de modalité au présent de l'indicatif
  - le verbe **wissen**, *savoir* au présent de l'indicatif et au prétérit
  - les verbes de position et de mouvement

- **Travailler autour de la phrase**
  Pour cela, nous allons voir :
  - la syntaxe de la phrase allemande
  - les principales conjonctions de coordination et de subordination
  - la phrase interrogative et les principaux pronoms/déterminants interrogatifs

- **POINT CULTURE**
  Quiz sur les pays du **D-A-CH**

MODULE 7 : DIE ÜBUNG MACHT DEN MEISTER

Le genre des noms

Pour bien décliner un nom, il faut connaître son genre. Celui-ci est malheureusement souvent aléatoire et il faut donc apprendre par cœur le nom avec son genre.

Il existe toutefois une règle permettant de définir le genre de plusieurs noms selon la catégorie à laquelle ils appartiennent. L'exercice ci-dessous indique les différentes catégories pour le masculin, le féminin et le neutre ainsi qu'une liste de noms par genre. À toi de classer chaque nom selon sa catégorie.

❶ Retrouve pour chaque exemple sa catégorie correspondante.

> Erde / Winter / Abend / Bäckerei / Übung / Regen / Blau / Norden
> ~~Geschwindigkeit~~ / Frau / ~~Fräulein~~ / Fernseher / Vier / ~~Herr~~ / Mädchen
> Dezember / Französisch / Samstag / Baby / Lehrerin / B

- **Sont masculins :**

    a. les êtres de sexe masculin : **der Herr**

    b. les moments de la journée : ....

    c. les jours de la semaine : ....

    d. les mois : ....

    e. les saisons : ....

    f. les précipitations (neige, pluie…) : ....

    g. les points cardinaux : ....

    h. la plupart des noms terminés en **-er** : ....

- **Sont féminins :**

    i. les êtres de sexe féminin : ....

    j. les chiffres/nombres : ....

    k. la plupart des noms terminés en **-e**, **-ei**, **-in**, **-keit**, **-ung** et **-heit** :
    die Geschwindigkeit, ..., ...,
    ...., ...

MODULE 7 : DIE ÜBUNG MACHT DEN MEISTER

- Sont neutres :

    l. les petits des êtres vivants : ....

    m. les diminutifs terminés en **-chen** ou **-lein** :
    das Fräulein, ...

    n. les couleurs : ....

    o. les noms des langues : ....

    p. les lettres de l'alphabet : ....

Le pluriel des noms

Au pluriel, on ne distingue pas les genres : **der**, **die**, **das** donnent **die** au pluriel ; l'article indéfini n'a pas de forme plurielle. Le pluriel des noms est quant à lui marqué par différentes terminaisons, quelquefois il peut ne pas avoir de terminaison. Là aussi, il est conseillé d'apprendre les noms par cœur avec leur pluriel. Pour certains noms toutefois, il existe une règle. En voici les lignes principales :

- Pas de terminaison et **Umlaut** éventuel sur **a**, **o**, ou **u** pour la grande majorité des masculins et neutres terminés en **-chen**, **-en**, **-er**, **-lein**, **-(s)el** : **der Vater / die Väter**, *les pères*, **das Mädchen / die Mädchen**, *les filles*. Cette règle vaut aussi pour 2 féminins : **die Tochter / die Töchter**, *les filles* et **die Mutter / die Mütter**, *les mères*.

- **-e** et **Umlaut** éventuel sur **a**, **o**, ou **u** pour de nombreux masculins, plusieurs neutres et monosyllabes féminins. Note que pour le féminin, le **Umlaut** sur **a**, **o**, ou **u** est systématique : **der Sohn / die Söhne**, *les fils* ; **die Hand / die Hände**, *les mains*.

- **-er** et **Umlaut** systématique sur **a**, **o**, ou **u** pour de nombreux neutres et plusieurs masculins : **das Loch / die Löcher**, *les trous* ; **der Wald / die Wälder**, *les forêts*.

- **-en/-n** pour de nombreux féminins : **die Frau / die Frauen**, *les femmes* ; **die Gabel / die Gabeln**, *les fourchettes*.

- **-nen** pour les noms terminés en **-in** : **die Sängerin/Sängerinnen**, *les chanteuses*.

2 Indique le pluriel des noms suivants.

a. der Tisch : ....

b. das Zimmer : ....

c. die Lehrerin : ....

d. die Note : ....

e. das Buch : ....

f. die Mauer : ....

MODULE 7 : DIE ÜBUNG MACHT DEN MEISTER

3 Indique le singulier des noms suivants.

a. die ..../die Freundinnen

b. der ..../die Brüder

c. das................................/die Zimmer

d. die ..../die Schwestern

e. die ..../die Städte

f. das ..../die Kinder

Les démonstratifs *dieser/diese/dieses*, ce(t)/cette et *diese*, ces

On emploie les démonstratifs pour mettre quelqu'un / quelque chose en avant. Ils se déclinent comme les articles définis.

	masculin	féminin	neutre	pluriel
nominatif	dieser Mann	diese Frau	dieses Kind	diese Kinder
accusatif	diesen Mann	diese Frau	dieses Kind	diese Kinder
datif	diesem Mann	dieser Frau	diesem Kind	diesen Kindern
génitif	dieses Mannes	dieser Frau	dieses Kindes	dieser Kinder

Masculin nominatif :
Wer ist dieser Mann?
→ *Qui est ce monsieur ?*

Neutre et masculin accusatif :
Kennst du dieses Mädchen und diesen Jungen?
→ *Tu connais cette fille et ce garçon ?*

MODULE 7 : DIE ÜBUNG MACHT DEN MEISTER

4 Entoure la bonne réponse. Le genre (M/F/N) ou le pluriel des noms (Pl.) est indiqué entre parenthèses.

a. Wie heißt **dieses/dieser/diesem** Mädchen (N)?
b. Kennst du **diesen/dieser/diese** Leute (Pl.)?
c. Was machst du mit **diesen/diesem/diese** Computer (M)?
d. Ich habe **dieses/diesen/diesem** Handy (N) zu 50 Euro bekommen.
e. Ich habe es **diesen/diesem/dieser** Mann (M) gegeben.
f. Für **dieser/diese/diesen** Klassenarbeit (F) musste ich viel lernen.
g. Wer sind die Eltern **diesen/dieser/dieses** (Pl.) Kinder?

Le pronom indéfini sujet *man*, on

Le pronom indéfini sujet **man** est l'équivalent du *on*. Il régit également un verbe à la 3e personne du singulier : **Hier isst man gut** → *Ici, on mange bien.*

Mais contrairement au français, il ne remplace pas le pronom personnel **wir**, *nous* : **Was machen wir?** → *Qu'est-ce qu'on fait ?* En allemand, on ne dira pas ~~Was macht man?~~

5 Relie ces débuts de phrase à leur traduction.

a. Man sagt…   •   • 1. *On croit…*
b. Man hofft… •   • 2. *On espère…*
c. Man glaubt… •   • 3. *On pense…*
d. Man denkt… •   • 4. *On dit…*

Le pronom impersonnel *es*, il

Le pronom impersonnel **es** équivaut en français au *il* impersonnel. Il s'emploie fréquemment avec les verbes autour de la météo : **Es hagelt** → *Il grêle.*

6 Relie ces débuts de phrase à leur traduction.

a. Es ist kalt.   •   • 1. *Il fait chaud.*
b. Es schneit.   •   • 2. *Il pleut.*
c. Es ist warm. •   • 3. *Il fait froid.*
d. Es regnet.   •   • 4. *Il neige.*

MODULE 7 : DIE ÜBUNG MACHT DEN MEISTER

Les prépositions à cas fixe

Certaines prépositions régissent un cas fixe : l'accusatif, le datif ou le génitif. Voici les principales prépositions à cas fixe.

- **Accusatif**

durch, *par / à travers* : **Er fährt durch die Stadt** ➜ *Il passe par la ville.*
für, *pour* : **Das ist für dich** ➜ *C'est pour toi.*
gegen, *contre* : **Sie ist gegen mich** ➜ *Elle est contre moi.*
ohne, *sans* : **Nicht ohne dich** ➜ *Pas sans toi.*
um… (herum), *autour de* : **Er rennt um den Park (herum)** ➜ *Il court autour du parc.*

- **Datif**

aus, *de* (provenance/origine/sortie) : **Kommt alle aus dem Haus!** ➜ *Sortez tous de la maison !*
bei, *chez/à*, indique où/chez qui on est (locatif ; cf. ± **zu**) : **Ich wohne bei einer Freundin** ➜ *J'habite chez une amie.*
mit, *avec* : **Ich komme mit dir** ➜ *Je viens avec toi.*
nach, *après* : **Komm bitte nach der Pause!** ➜ *Viens après la pause, s'il te plaît !*
von, *de / de la part de* : **Der Brief kommt von meiner Mutter** ➜ *La lettre vient de ma mère.*
zu, *chez/à* indique où/chez qui on va (directionnel, cf. # **bei**) : **Ich gehe zu meinem Bruder** ➜ *Je vais chez mon frère.*

Certaines prépositions se contractent avec l'article : **bei + dem** ➜ **beim** ; **zu + dem** ➜ **zum** ; **zu + der** ➜ **zur**.

- **Génitif**

während, *pendant* : **Wo warst du während der Ferien?** ➜ *Où étais-tu pendant les vacances ?*

MODULE 7 : DIE ÜBUNG MACHT DEN MEISTER

 7 Complète les phrases avec la préposition et indique le cas (A, D ou G) entre parenthèses.

a. Was machst du .... ( ) dem Mittagessen? ➜ *Que fais-tu après le déjeuner ?*

b. Derya kommt .... ( ) der Türkei ➜ *Derya vient de Turquie.*

c. Kann ich .... ( ) dir bleiben? ➜ *Je peux rester chez toi ?*

d. Ich laufe .... ( ) den See herum! ➜ *Je cours autour du lac.*

e. Sie kommt .... ( ) ihren Freund ➜ *Elle vient sans son ami.*

f. Ich bin .... ( ) dir einverstanden ➜ *Je suis d'accord avec toi.*

g. Ich danke dir .... ( ) deine Hilfe ➜ *Je te remercie pour ton aide.*

h. Sie spielen .... ( ) eine starke Mannschaft ➜ *Ils jouent contre une équipe forte.*

i. Wo warst du .... ( ) der Zeit? ➜ *Où étais-tu pendant ce temps ?*

j. Anna fährt .... ( ) ihrer Großmutter ➜ *Anna va chez sa grand-mère.*

k. Ich gehe mit Anna .... ( ) die Stadt ➜ *Je flâne avec Anna à travers la ville.*

Les prépositions mixtes (dites aussi spatiales)

Les prépositions **an**, *à*, **auf**, *sur*, **hinter**, *derrière*, **in**, *dans*, **neben**, *à côté*, **über**, *au-dessus*, **unter**, *sous*, **vor**, *devant*, **zwischen**, *entre* sont dites mixtes car elles régissent, selon le contexte, l'accusatif ou le datif. On les nomme aussi spatiales car elles servent à situer quelqu'un / quelque chose dans l'espace.

- Elles régissent l'accusatif lorsqu'elles accompagnent un verbe de déplacement/ changement de lieu (= directionnel) : **Ich gehe in die Stadt** ➜ *Je vais en ville.*

- Elles régissent le datif lorsqu'elles accompagnent un verbe de position (= locatif) : **Ich bin in der Stadt** ➜ *Je suis en ville.*

Dans les cas suivants, il y a contraction de l'article avec la préposition : **an + das** ➜ **ans** ; **an + dem** ➜ **am** ; **in + das** ➜ **ins** ; **in + dem** ➜ **im**.

MODULE 7 : DIE ÜBUNG MACHT DEN MEISTER

8 *Wo schläft die Katze?* **Où dort le chat ?**
Relie chaque phrase à son dessin correspondant.

Die Katze schläft…

a. … vor dem Tisch. •   • 1.

b. … neben dem Tisch. •   • 2.

c. … auf dem Tisch. •   • 3.

d. … zwischen den Tischen. • • 4.

e. … hinter dem Tischen. • • 5.

f. … unter dem Tisch. •   • 6.

9 Souligne le cas adapté.

a. Ich gehe **ins** / **im** Kino.

b. Wir waren **in die** / **in der** Stadt.

c. Er schläft **auf die** / **auf der** Couch.

d. In der Pause gehen die Kinder **auf den** / **auf dem** Schulhof.

e. Ich warte **vor das** / **vor dem** Kino.

Les prépositions *an, in, nach, um, zu*

- Les prépositions **an**, **in**, **um**, **zu** peuvent aussi être employées comme prépositions de temps :
  - **an** + **dem** contractés **am** + jour de la semaine : **Wo warst du am Montag?** → *Où étais-tu lundi ?*
  - **in** + **dem** contracté **im**, *en/au* + mois ou saison : **Wo warst du im Juni / im Sommer?** → *Où étais-tu en juin / en été ?*

MODULE 7 : DIE ÜBUNG MACHT DEN MEISTER

- **um**, *à* + heure : **Wo warst du um 10 Uhr?** ➜ *Où étais-tu à 10 heures ?*
- **an** (sud de l'Allemagne) **zu** (nord de l'Allemagne et Autriche), *à* + nom de fêtes ➜ *à* : **Was machst du an/zu Weihnachten?** ➜ *Que fais-tu à Noël ?*
- La préposition **nach** peut aussi être employée comme préposition de temps :
  - **nach**, *à/en* + nom géographique sans article : **Ich fahre nach Wien** ➜ *Je vais à Vienne.*

10 Souligne la (les) préposition(s) adaptée(s).

a. Hast du **am / zu / im** Samstag Schule?

b. Kommt ihr **um / an / zu** Ostern?

c. Wann fliegst du **in / zu / nach** London?

d. Die Schule beginnt **am / im / um** 8.15 Uhr

e. Hast du **im / zu / um** Juni Ferien?

30 verbes principaux

Pour commencer cette partie autour du groupe verbal, voici une liste avec 30 verbes principaux que tu as étudiés aux cours de tes années d'allemand. Ils sont réguliers ou irréguliers, certains ont une particule séparable ou inséparable. À toi de jouer !

11 Indique, pour chaque verbe, la 3ᵉ personne du singulier du présent de l'indicatif, le participe passé ainsi que la traduction française.

	Présent de l'indicatif	Parfait	Traduction
ankommen	er	ist	....
bekommen	er	hat	....
bleiben	er	ist	....
erklären	er	hat	....
essen	er	hat	....
fahren	er	ist	....

MODULE 7 : DIE ÜBUNG MACHT DEN MEISTER

	Présent de l'indicatif	Parfait	Traduction
fernsehen	er	hat	....
finden	er	hat	....
fragen	er	hat	....
geben	er	hat	....
gehen	er	ist	....
glauben	er	hat	....
helfen	er	hat	....
hören	er	hat	....
kaufen	er	hat	....
kommen	er	ist	....
lernen	er	hat	....
lesen	er	hat	....
machen	er	hat	....
nehmen	er	hat	....
sagen	er	hat	....
schlafen	er	hat	....
sehen	er	hat	....
spielen	er	hat	....
sprechen	er	hat	....
suchen	er	hat	....
trinken	er	hat	....
verstehen	er	hat	....
wohnen	er	hat	....
zeigen	er	hat	....

MODULE 7 : DIE ÜBUNG MACHT DEN MEISTER

Les six verbes de modalité au présent de l'indicatif

Les verbes de modalité présentent une conjugaison particulière au présent de l'indicatif. Ils changent la voyelle du radical aux trois personnes du singulier (sauf **sollen**) et prennent les terminaisons Ø ; -st ; Ø ; -en ; -t ; -en.

12 Complète le tableau en te référant à l'exemple du verbe *können*.

	können *pouvoir/ savoir*	dürfen *pouvoir / avoir le droit*	wollen *vouloir*	mögen *bien aimer*	müssen *devoir / il faut*	sollen *devoir*
ich	kann**Ø**	darf**Ø**				soll**Ø**
du	kann**st**		will**st**		muss**t**	
er/sie/es	kann**Ø**			mag**Ø**		
wir	könn**en**				müss**en**	soll**en**
ihr	könn**t**	dürf**t**		mög**t**		
sie/Sie	könn**en**		woll**en**			

13 Voici plusieurs phrases comportant un verbe de modalité.
Relie chacune d'elles à sa traduction correspondante.

a. Er darf hier nicht rauchen. •   • 1. Il faut qu'il y aille.

b. Er kann nicht schwimmen. •   • 2. Il n'aime pas le poisson.

c. Er muss los. •   • 3. Il doit faire attention.

d. Er mag keinen Fisch. •   • 4. Il n'a pas le droit de fumer ici.

e. Er will nicht aufstehen. •   • 5. Il ne veut pas se lever.

f. Er soll aufpassen. •   • 6. Il ne sait pas nager.

MODULE 7 : DIE ÜBUNG MACHT DEN MEISTER

Le verbe *wissen*, savoir au présent de l'indicatif et au prétérit

Aussi bien au présent qu'au prétérit, **wissen**, *savoir* se conjugue sur le même modèle que les verbes de modalité. T'en souviens-tu ?

Tout comme les verbes de modalité, il s'emploie fréquemment au prétérit.

14 Complète le tableau.

	présent de l'indicatif	prétérit
ich	weiß**Ø**	wuss**te**
du	weiß**t**	
er/sie/es		
wir		
ihr		wuss**tet**
sie/Sie	wiss**en**	

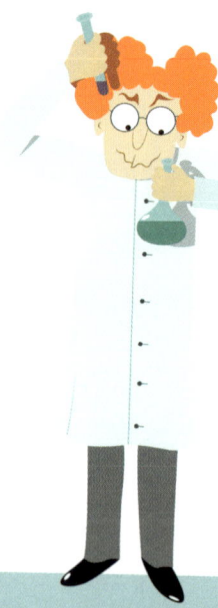

Les verbes de position et de mouvement au présent de l'indicatif

En allemand, on distingue quatre verbes de position et quatre verbes de mouvement correspondants.

Ils se construisent avec une préposition mixte et régissent le datif quand ils indiquent la position et l'accusatif quand ils indiquent le déplacement.

Leur conjugaison est régulière au présent de l'indicatif.

Verbes de position	Verbes de mouvement
stehen ➡ *être debout/posé* ou *mis à la verticale* **Die Lampe steht im Wohnzimmer** ➡ *La lampe est dans le salon.*	**stellen** ➡ *mettre* ou *poser debout / à la verticale* **Ich stelle die Lampe ins Wohnzimmer** ➡ *Je mets la lampe dans le salon.*
liegen ➡ *être couché/posé* ou *mis à l'horizontale* **Das Heft liegt auf dem Tisch** ➡ *Le cahièr est posé sur la table.*	**legen** ➡ *coucher/mettre* ou *poser à la verticale* **Ich lege das Heft auf den Tisch** ➡ *Je pose le cahier sur la table.*

MODULE 7 : DIE ÜBUNG MACHT DEN MEISTER

Verbes de position	Verbes de mouvement
sitzen → *être assis* **Ich sitze neben dir** → *Je suis assis à côté de toi.*	**(sich) setzen** → *(s')asseoir* **Ich setze mich neben dich** → *Je m'assieds à côté de toi.*
hängen → *être accroché* **Das Bild hängt an der Wand** → *Le tableau est accroché au mur.*	**hängen** → *accrocher* **Ich hänge das Bild an die Wand** → *J'accroche le tableau au mur.*

15 Souligne le verbe adapté.

a. Ich **lege / hänge / liege** das Buch auf den Tisch.

b. Wo **setzt / sitzt / legst** du?

c. Wohin soll ich den Stuhl **legen / hängen / stellen**?

d. Ich **lege / hänge / liege** im Bett.

e. Du kannst den Mantel in den Schrank **hängen / liegen / stellen**.

16 Mettre le verbe adapté.

a. Das Baby .... im Bett.

b. Die Lampe .... auf dem Tisch.

c. Kann ich mich auf den Stuhl .... ?

d. Die Lampe .... über dem Tisch.

MODULE 7 : DIE ÜBUNG MACHT DEN MEISTER

La syntaxe de la phrase allemande

Voici les points essentiels à retenir à ce sujet.

- **Phrase simple** constituée d'un sujet + verbe + éventuellement complément (dite aussi proposition indépendante)

Le verbe conjugué se place toujours en 2e position (sauf à l'impératif). La 1re place peut être occupée par le sujet ou par un complément. Si la phrase comporte un participe passé, un infinitif ou une particule séparable, ceux-ci occupent la dernière position. Exemples :

Ich habe am Dienstag Schule ➔ *J'ai école mardi.*
Am Dienstag habe ich Schule ➔ *Mardi, j'ai école.*
Die Schule fängt um 8.15 Uhr an ➔ *L'école commence à 8 h 15.*
Ich muss meine Hausaufgaben machen ➔ *Il faut que je fasse mes devoirs.*
Ich habe meine Hausaufgaben schon gemacht ➔ *J'ai déjà fait mes devoirs.*

- **Phrase composée** d'une proposition principale + proposition subordonnée conjonctive

La proposition principale : elle se construit comme la proposition indépendante lorsqu'elle est en tête de phrase. Si elle est placée derrière la proposition subordonnée, le verbe conjugué passe en première position devant le sujet.

La proposition subordonnée conjonctive : elle est introduite par une conjonction de subordination (voir liste des conjonctions dans la leçon ci-contre) et le verbe conjugué est toujours en dernière position. Pour les autres éléments, la règle est la même que pour la proposition indépendante.

Note bien la virgule impérative entre les deux propositions.

Ich bleibe zu Hause, weil ich Fieber habe
➔ *Je reste à la maison parce que j'ai de la fièvre.*
Weil ich Fieber habe, bleibe ich zu Hause
➔ *(Parce que j'ai de la fièvre…)*
Ich stehe früh auf, weil ich lernen muss
➔ *Je me lève tôt parce que je dois travailler.*
Weil ich arbeiten muss, stehe ich früh auf
➔ *(Parce que je dois travailler…)*

Si la proposition subordonnée conjonctive comporte un verbe à particule séparable, le verbe conjugué vient se raccrocher à sa particule.

Ich muss los, weil die Schule um 8 (acht) Uhr anfängt
➔ *Il faut que j'y aille car l'école commence à 8 heures.*

MODULE 7 : DIE ÜBUNG MACHT DEN MEISTER

 17 Remets les éléments de phrase dans l'ordre en plaçant l'élément en gras en première position.

a. einen Ausflug / machen / **Morgen** / wir

....

b. ist / **Er** / nach Berlin / geflogen

....

c. werde / ich / eine Party / mache / **Wenn** / 18 / ich

....

d. weil / geht / ins Kino / muss / **Anna** / lernen / sie / nicht

....

Les principales conjonctions de coordination et de subordination

- **Les conjonctions de coordination : und**, *et* ; **aber**, *mais* ; **oder**, *ou* ; **denn**, *car*. Elles permettent de coordonner des mots ou des phrases. La syntaxe des phrases coordonnées reste celle de la phrase simple (proposition indépendante).

Anna macht Ballett und Lea spielt Tennis ➔ *Anna fait de la danse classique et Lea joue au tennis.*

- **Les conjonctions de subordination : als***, *quand* ; **dass**, *que* ; **damit**, *afin que* ; **obwohl**, *bien que* ; **weil**, *parce que* ; **wenn***, *quand / à chaque fois que* ; **wenn**, *si* introduisent une proposition subordonnée conjonctive (voir leçon ci-contre).

* Attention !

- **als**, *quand* introduit un événement / une période unique qui a eu lieu dans le passé : **Als ich jung war, spielte ich Rugby** ➔ *Quand j'étais jeune, je jouais au rugby.*

- **wenn**, *quand / à chaque fois que* introduit un événement / une période répété(e) dans le passé : **Wenn ich Geburtstag hatte, machte ich immer eine Party** ➔ *Quand c'était mon anniversaire, je faisais toujours une fête.*

- **wenn**, *quand / à chaque fois que* introduit un événement / une période au présent ou dans le futur. Même s'il s'agit du futur, l'allemand emploie le présent de l'indicatif : **Wenn ich mein Abi habe, mache ich eine Reise durch Europa** ➔ *Quand j'aurai le bac, je ferai un voyage à travers l'Europe.*

MODULE 7 : DIE ÜBUNG MACHT DEN MEISTER

18 Entoure la conjonction de coordination adaptée.

a. Ich möchte mit euch ins Kino gehen, **denn / und / aber** ich kann leider nicht mitkommen.

b. Fahrt ihr in den Ferien weg **oder / denn / aber** bleibt ihr zu Hause?

c. Ich bleibe zu Hause, **denn / und / oder** ich muss lernen.

19 Entoure la conjonction de subordination adaptée.

a. **Wenn / Damit / Als** er klein war, liebte er Schokolade.

b. Ich bin müde, **damit / dass / weil** ich spät ins Bett gegangen bin.

c. Es wäre schön, **wenn / obwohl / weil** du kommen könntest.

d. Ich sage, **dass / als / obwohl** es nicht möglich ist

e. Ich helfe dir, **als / dass / damit** es schneller geht.

La phrase interrogative et les principaux pronoms/déterminants interrogatifs

On distingue deux types de phrases interrogatives :

- l'interrogative globale dans laquelle le verbe conjugué se place toujours en 1re position. On y répond par **ja**, *oui*, **doch**, *si* quand il y a une négation dans la question ou **nein**, *non*. Exemples :
Hast du morgen Schule? – Ja/Nein ➔ *As-tu école demain ? – Oui/Non.*
Hast du heute keine Schule? – Doch/Nein ➔ *Tu n'as pas école aujourd'hui ? – Si/Non.*

- l'interrogative partielle qui commence par un pronom ou déterminant interrogatif. Ce pronom ou déterminant interrogatif peut parfois être précédé d'une préposition. Le verbe conjugué est en 2e position.

Voici les principaux pronoms/déterminants interrogatifs :

- **wer**, *qui* (N) ; **wen / für wen** (A), *qui / pour qui* ; **wem / mit wem** (D), *à qui / avec qui* ; **wessen** (G), *de qui*
- **was** (N/A), *que / quoi*
- **wie**, *comment*

MODULE 7 : DIE ÜBUNG MACHT DEN MEISTER

- **warum**, *pourquoi*
- **wo**, *où* (locatif) ; **wohin**, *où* (*vers où*, directionnel) ; **woher**, *d'où*
- **wie alt**, *quel âge*
- **wie lange**, *combien de temps*
- **wie viel Uhr/wie spät**, *quelle heure* ; **um wie viel Uhr**, *à quelle heure* ; **bis wie viel Uhr**, *jusqu'à quelle heure*
- **welch-** (déclinable) + nom, *quel-* + nom / **für welch-**, *pour quel-* ; **mit welch-**, *avec quel-*

 Complète les phrases avec les pronoms/déterminants interrogatifs de la leçon ou *Ja/Nein/Doch*.

a. ………………………… kommst du? – Aus Berlin.

b. ………………………… ist es? – Es ist 7 Uhr.

c. ………………………… kommst du nicht? – Weil ich müde bin.

d. ………………………… dauert der Film? – 95 Minuten.

e. Kommst du morgen? ………………………, ich kann leider nicht kommen.

f. ………………………… Schuhe ziehst du an? – Die braunen.

g. ………………………… geht es dir? – Gut, und dir?

h. ………………………… triffst du heute? – Meinen Freund Leo.

i. ………………………… gehst du ins Kino? – Mit Anna.

j. ………………………… bist du? – 15.

k. ………………………… machst du heute? – Nichts.

l. Hast du alles verstanden? ………………………, ich habe alles verstanden.

MODULE 7 : POINT CULTURE

QUIZ SUR LES PAYS DU *D-A-CH*

21 Et, pour terminer, voici un quiz de culture générale sur les pays du *D-A-CH*.

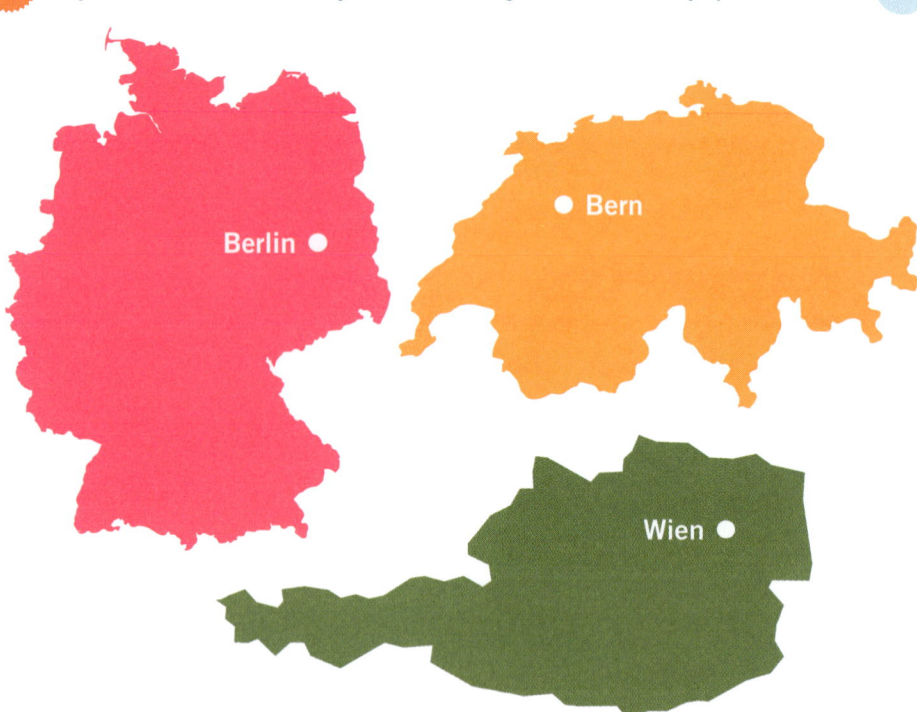

1. Comment s'appelle la capitale de l'Autriche ?
   a. Wien
   b. Salzburg
   c. Bern

2. Quel terme n'est pas un synonyme du mot **Karneval** ?
   a. Fasching
   b. Weißwurst
   c. Fasnacht

3. Combien de **Länder** compte l'Allemagne ?
   a. 15
   b. 16
   c. 17

MODULE 7 : POINT CULTURE

4. Quelle ville ne se trouve pas en Allemagne ?
   a. Berlin
   b. München
   c. Wien

5. Dans quelle ville se trouve le château de Schönbrunn ?
   a. Zürich
   b. Wien
   c. München

6. Quel est le fleuve qui constitue la frontière naturelle entre la France et l'Allemagne ?
   a. der Rhein
   b. die Donau
   c. die Elbe

7. Quel est le pays natal de Mozart ?
   a. Österreich
   b. die Schweiz
   c. Deutschland

8. Quelle est la plus grande ville d'Allemagne ?
   a. Frankfurt
   b. Berlin
   c. Hamburg

9. Quelle est la spécialité de la Bavière ?
   a. die Weißwurst
   b. der Apfelstrudel
   c. das Wiener Schnitzel

10. Qu'est-ce qu'une **Brezel** ?
   a. genre de biscuit salé et croquant
   b. une boisson
   c. un vêtement traditionnel autrichien

11. Comment appelle-t-on la robe traditionnelle bavaroise et autrichienne ?
   a. die Lederhose
   b. der Apfelstrudel
   c. das Dirndl(kleid)

MODULE 7 : DIE ÜBUNG MACHT DEN MEISTER

Bilan

🙂 😐 ☹️

Le genre des noms
1. .... ☐ ☐ ☐

Le pluriel des noms
2. .... ☐ ☐ ☐
3. .... ☐ ☐ ☐

Les démonstratifs *dieser/diese/dieses*, ce(t)/cette et *diese*, ces
4. .... ☐ ☐ ☐

Le pronom indéfini sujet *man*, on
5. .... ☐ ☐ ☐

Le pronom impersonnel *es*, il
6. .... ☐ ☐ ☐

Les prépositions à cas fixe
7. .... ☐ ☐ ☐

Les prépositions mixtes (dites aussi spatiales)
8. .... ☐ ☐ ☐
9. .... ☐ ☐ ☐

Les prépositions *an*, *in*, *nach*, *um*, *zu*
10. .... ☐ ☐ ☐

30 verbes principaux
11. .... ☐ ☐ ☐

Les six verbes de modalité au présent de l'indicatif
12. .... ☐ ☐ ☐
13. .... ☐ ☐ ☐

Le verbe *wissen*, savoir au présent de l'indicatif et au prétérit
14. .... ☐ ☐ ☐

Les verbes de position et de mouvement au présent de l'indicatif
15. .... ☐ ☐ ☐
16. .... ☐ ☐ ☐

La syntaxe de la phrase allemande
17. .... ☐ ☐ ☐

Les principales conjonctions de coordination et de subordination
18. .... ☐ ☐ ☐
19. .... ☐ ☐ ☐

La phrase interrogative et les principaux pronoms/déterminants interrogatifs
20. .... ☐ ☐ ☐

Quiz sur les pays du *D-A-CH*
21. .... ☐ ☐ ☐

Tableaux de déclinaison et de conjugaison

TABLEAUX DE DÉCLINAISON

GN défini

Un groupe nominal construit avec l'article défini ou le déterminant démonstratif **dies-** se décline comme suit :

	masculin	féminin	neutre	pluriel

nominatif	der
	    kleine Mann
	dieser
		die
		    kleine Frau
		diese
			das
			    kleine Kind
			dieses
				die
				    kleinen Kinder
				diese

accusatif	den
	    kleinen Mann
	diesen
		die
		    kleine Frau
		diese
			das
			    kleine Kind
			dieses
				die
				    kleinen Kinder
				diese

datif	dem
	    kleinen Mann
	diesem
		der
		    kleinen Frau
		dieser
			dem
			    kleinen Kind
			diesem
				den
				    kleinen Kindern
				diesen

génitif*	des
	    kleinen Mannes
	dieses
		der
		    kleinen Frau
		dieser
			des
			    kleinen Kindes
			dieses
				der
				    kleinen Kinder
				dieser

GN indéfini

Un groupe nominal construit avec l'article indéfini, la négation **kein** ou le déterminant possessif se décline comme suit :

	masculin	féminin	neutre	pluriel
nominatif	ein kein kleiner Mann mein	eine keine kleine Frau meine	ein kein kleines Kind mein	kleine Kinder keine kleinen Kinder meine kleinen Kinder
accusatif	einen keinen kleinen Mann meinen	eine keine kleine Frau meine	ein kein kleines Kind mein	kleine Kinder keine kleinen Kinder meine kleinen Kinder
datif	einem keinem kleinen Mann meinem	einer keiner kleinen Frau meiner	einem keinem kleinen Kind meinem	kleinen Kindern keinen kleinen Kindern meinen kleinen Kindern
génitif	eines keines kleinen Mannes meines	einer keiner kleinen Frau meiner	eines keines kleinen Kindes meines	kleiner Kinder keiner kleinen Kinder meiner kleinen Kinder

TABLEAUX DE DÉCLINAISON

Les déterminants possessifs

ich	du	er/es	sie	wir	ihr	sie	Sie
mein-	dein-	sein-	ihr-	unser-	eu(e)r-	ihr-	Ihr-

GN sans déterminant

	masculin	féminin	neutre	pluriel
nominatif	kleiner Mann	kleine Frau	kleines Kind	kleine Kinder
accusatif	kleinen Mann	kleine Frau	kleines Kind	kleine Kinder
datif	kleinem Mann	kleiner Frau	kleinem Kind	kleinen Kindern
génitif	kleinen Mannes	kleiner Frau	kleinen Kindes	kleiner Kinder

Les pronoms personnels

nominatif	ich	du	er	sie	es	wir	ihr	sie	Sie
accusatif	mich	dich	ihn	sie	es	uns	euch	sie	Sie
datif	mir	dir	ihm	ihr	ihm	uns	euch	ihnen	Ihnen

Les pronoms réfléchis

nominatif	ich	du	er	sie	es	wir	ihr	sie	Sie
accusatif	mich	dich	sich	sich	sich	uns	euch	sich	sich

TABLEAUX DE CONJUGAISON

Voici un récapitulatif des temps étudiés. Note bien que les tableaux suivants ne sont pas exhaustifs. Ils se limitent aux temps et formes les plus employés selon les verbes.

Auxiliaires et verbes

Présent de l'indicatif

	sein	haben	werden
ich	bin	habe	werde
du	bist	hast	wirst
er/sie/es	ist	hat	wird
wir	sind	haben	werden
ihr	seid	habt	werdet
sie/Sie	sind	haben	werden

Impératif

	sein	haben	werden
du	Sei!	Hab!	Werde!
ihr	Seid!	Habt!	Werdet!
Sie	Seien Sie!	Haben Sie!	Werden Sie!

Prétérit

	sein	haben	werden
ich	hatte	war	wurde
du	hattest	warst	wurdest
er/sie/es	hatte	war	wurde
wir	hatten	waren	wurden
ihr	hattet	wart	wurdet
sie/Sie	hatten	waren	wurden

Parfait

sein	haben	werden
ich bin… gewesen …	ich habe… gehabt …	ich bin… geworden …

Futur I

sein	haben	werden*
ich werde… sein …	ich werde… haben …	…………………

* S'emploie très peu au futur.

TABLEAUX DE CONJUGAISON

Subjonctif II (conditionnel présent)

	sein	haben	werden
ich	wäre	hätte	würde
du	wärst	hättest	würdest
er/sie/es	wäre	hätte	würde
wir	wären	hätten	würden
ihr	wärt	hättet	würdet
sie/Sie	wären	hätten	würden

Verbes réguliers (faibles) et irréguliers (forts)

Présent de l'indicatif

	sagen verbe régulier	fahren verbe irrégulier	geben verbe irrégulier	sehen verbe irrégulier
ich	sage	fahre	gebe	sehe
du	sagst	fährst	gibst	siehst
er/sie/es	sagt	fährt	gibt	sieht
wir	sagen	fahren	geben	sehen
ihr	sagt	fahrt	gebt	seht
sie/Sie	sagen	fahren	geben	sehen

	ankommen verbe régulier et à particule séparable	finden verbe régulier terminé en **-d**	einladen verbe irrégulier terminé en **-d** et particule séparable	heißen verbe régulier terminé en **-ß**
ich	komme an	finde	lade ein	heiße
du	kommst an	findest	lädst ein	heißt
er/sie/es	kommt an	findet	lädt ein	heißt
wir	kommen an	finden	laden ein	heißen
ihr	kommt an	findet	ladet ein	heißt
sie/Sie	kommen an	finden	laden ein	heißen

TABLEAUX DE CONJUGAISON

Impératif

	sagen verbe régulier	**fahren** verbe irrégulier	**geben** verbe irrégulier	**sehen** verbe irrégulier
du	Sag!	Fahr!	Gib!	Sieh!
ihr	Sagt!	Fahrt!	Gebt!	Seht!
Sie	Sagen Sie!	Fahren Sie!	Geben Sie!	Sehen Sie!

Prétérit

	sagen verbe régulier	**fahren** verbe irrégulier
ich	sagte	fuhr
du	sagtest	fuhrst
er/sie/es	sagte	fuhr
wir	sagten	fuhren
ihr	sagtet	fuhrt
sie/Sie	sagten	fuhren

Parfait

sagen verbe régulier	**fahren** verbe irrégulier	**be**kommen verbe irrégulier et à particule inséparable	**an**kommen verbe irrégulier à particule séparable
ich habe… gesagt…	ich bin… gefahren…	ich habe… bekommen…	ich bin… angekommen…

Futur I

sagen	**fahren**
ich werde… sagen …	ich werde… fahren …

Subjonctif II (=conditionnel présent)

sagen	**fahren**
ich würde… sagen …	ich würde… fahren …

Passif

fahren présent	**fahren** parfait
ich werde… gefahren …	ich wurde… gefahren …

Verbes de modalité et *wissen*

Présent de l'indicatif

	können	dürfen	wollen	mögen	müssen	sollen	wissen
ich	kann	darf	will	mag	muss	soll	weiß
du	kannst	darfst	willst	magst	musst	sollst	weißt
er/sie/es	kann	darf	will	mag	muss	soll	weiß
wir	können	dürfen	wollen	mögen	müssen	sollen	wissen
ihr	könnt	dürft	wollt	mögt	müsst	sollt	wisst
sie/Sie	können	dürfen	wollen	mögen	müssen	sollen	wissen

Prétérit

	können	dürfen	wollen	mögen	müssen	sollen	wissen
ich	konnte	durfte	wollte	mochte	musste	sollte	wusste
du	konntest	durftest	wolltest	mochtest	musstest	solltest	wusstest
er/sie/es	konnte	durfte	wollte	mochte	musste	sollte	wusste
wir	konnten	durften	wollten	mochten	mussten	sollten	wussten
ihr	konntet	durftet	wolltet	mochtet	musstet	solltet	wusstet
sie/Sie	konnten	durften	wollten	mochten	mussten	sollten	wussten

Parfait

wissen
ich habe ... gewusst
...

Subjonctif II (conditionnel présent)

	können	dürfen	wollen	mögen	müssen	sollen	wissen
ich	könnte	dürfte	wollte	möchte	müsste	sollte	wüsste
du	könntest	dürftest	wolltest	möchtest	müsstest	solltest	wüsstest
er/sie/es	könnte	dürfte	wollte	möchte	müsste	sollte	wüsste
wir	könnten	dürften	wollten	möchten	müssten	sollten	wüssten
ihr	könntet	dürftet	wolltet	möchtet	müsstet	solltet	wüsstet
sie/Sie	könnten	dürften	wollten	möchten	müssten	sollten	wüssten

SYNTAXE DE LA PHRASE ALLEMANDE

Phrase simple (proposition indépendante)

1.	2. verbe conjugué	3.	4. particule séparable, participe passé ou infinitif
Ich	fahre	heute nach Berlin.	
Heute	fahre	ich nach Berlin.	
Ich	stehe	um 7 Uhr	auf.
Um 7 Uhr	stehe	ich	auf.
Ich	bin	gestern nach Berlin	gefahren.
Gestern	bin	ich nach Berlin	gefahren.
Ich	möchte	später in Berlin	studieren.
Später	möchte	ich in Berlin	studieren

Phrase simple (proposition indépendante)

a. **Proposition principale en tête de phrase**

1	2				
	conj.	sujet	complément(s)	part. passé / infinitif	verbe conjugué
Er hat gesagt,	dass	er	nach Berlin		fährt
Er hat gesagt,	dass	er	um 7 Uhr		aufsteht.
Er hat gesagt,	dass	er	nach Berlin	gefahren	ist.
Er hat gesagt,	dass	er	nach Berlin	fahren	möchte.

SYNTAXE DE LA PHRASE ALLEMANDE

b. Proposition subordonnée conjonctive en tête de phrase

1	2			
	verbe conjugué	sujet	complément(s)	part. sépar. / part. passé / infinitif
Obwohl es kalt ist,	machen	wir	einen Ausflug.	
Obwohl er keine Schule hat,	steht	er	um 7 Uhr	auf.
Obwohl es kalt war,	haben	wir	einen Ausflug	gemacht.
Obwohl es kalt ist,	möchten	sie	einen Ausflug	machen.

QUELQUES ADVERBES

Les adverbes de temps

vorgestern	avant-hier
gestern	hier
heute	aujourd'hui
morgen	demain
übermorgen	après-demain
jetzt	maintenant
dann	puis
danach	après
davor	avant
später	plus tard
früher	plus tôt / auparavant
bald	bientôt
sofort	tout de suite
noch	encore

Les adverbes de lieu

hier	ici
dort	là
dort drüben	là-bas
überall	partout
irgendwo	n'importe où / quelque part
nirgends	nulle part
oben	en haut
unten	en bas
drinnen	dedans
draußen	dehors

QUELQUES ADVERBES

Les adverbes de fréquence

immer	*toujours*
häufig	*fréquemment*
oft	*souvent*
normalerweise	*normalement*
manchmal	*quelquefois*
selten	*rarement*
nie	*jamais*

SOLUTIONS

Module 0

1 **a.** Hallo, mein Name ist Lea Fischer. Ich bin in der 9. (neunten) Klasse. **b.** Meine kleine Schwester ist für drei Monate in Frankreich. Es gefällt ihr da sehr gut.

2 **a.** Viel Spaß! **b.** Kommt schnell! **c.** Was ist los? **d.** Ich bin Montag, Dienstag und Mittwoch weg. **e.** Sie kommt nicht, weil sie krank ist. **f.** Neil Armstrong war der erste Mensch, der auf dem Mond war.

3 **Voyelle brève :** rennen, ist, nimmt, danken.
Voyelle longue : nehmen, sehen, haben, lieben.

4 **a.** schon [cho:n] et schön [cheu:n] **b.** fährt [fè:rt] et fahrt [fa:rt] **c.** spüren [chpu:rën] et Spuren [chpou:rën]

5 **a.** [oï] **b.** [aou] **c.** [aï] **d.** [oï] **e.** [aou] **f.** [aï]

6 **a.** reich **b.** doch **c.** Löcher **d.** sicher **e.** Fach **f.** euch **g.** suchen **h.** Bücher

7 **[z] :** Seife, Gesicht **[ss] :** Messer, Reis, Fuß, Fenster **[ch] :** Stift, Spiegel

Module 1

1 **wohnen :** ich wohne, du wohnst, wir wohnen, ihr wohnt. **zeichnen :** du zeichnest, wir zeichnen, ihr zeichnet, sie/Sie zeichnen. **heißen :** ich heiße, du heißt, wir heißen, ihr heißt. **sprechen :** ich spreche, er/sie/es spricht, ihr sprecht, sie/Sie sprechen. **lesen :** er/sie/es liest, wir lesen, ihr lest, sie/Sie lesen.

2 **sein :** ich bin, du bist, wir sind, ihr seid.
haben : du hast, er/sie/es hat, wir haben, sie/Sie haben. **werden :** ich werde, er/sie/es wird, ihr werdet, sie/Sie werden.

3 **a.** Sie ist 15. **b.** Sie ist in der 10. (zehnten) Klasse. **c.** Sie wohnt in Berlin. **d.** Englisch und Französisch.

4 **a.** Er kommt aus Istanbul. **b.** Nein, er geht nicht gern in die Schule. **c.** Er spielt fast jeden Tag Fußball. **d.** Er will später Fußballspieler werden.

5 **a.** Er macht gern Sport. **b.** Sie konzipieren gern Computerprogramme. **c.** Wir kochen nicht gern. **d.** Spielt ihr gern Geige? **e.** Schreibst du gern Artikel?

6 **a.** die Informatikerin, 7 **b.** die Polizistin, 4 **c.** die Mechanikerin, 14 **d.** die Lehrerin, 5 **e.** die Bäckerin, 1 **f.** die Pilotin, 8 **g.** die Architektin, 2 **h.** die Musikerin, 11 **i.** die Ärztin, 13 **j.** die Tierärztin, 12 **k.** die Journalistin, 10 **l.** die Verkäuferin, 9 **m.** die Feuerwehrfrau, 3 **n.** die Köchin, 6

7 **a.** will, Polizist **b.** Möchtet, Informatiker **c.** möchte, Bäckerin **d.** Willst, Musikerin **e.** möchte, Feuerwehrmann

8 **a.** Jura **b.** Literatur **c.** Bäckerlehre **d.** Medizin **e.** Musik

9 **a.** Du würdest gern Literatur studieren. **b.** Sie würde gern eine Kochlehre machen. **c.** Wir würden gern Jura studieren. **d.** Was würdet ihr gern studieren?

10 **a.** denn sie schreibt gern Artikel **b.** weil er gern Computerprogramme konzipiert **c.** weil sie Tiere liebt **d.** denn er macht gern Sport

11 **a.** deshalb will sie später Journalistin werden **b.** deshalb will er Informatik studieren **c.** deshalb möchte sie Musik studieren **d.** deshalb wollen sie später Sportlehrer werden

12 **a.** F **b.** R **c.** F **d.** R **e.** R

13 **a.** 3 **b.** 4 **c.** 1 **d.** 6 **e.** 2 **f.** 5

Module 2

1 **a.** A **b.** N **c.** A **d.** D **e.** D **f.** A **g.** D

2

DÉFINI				
	masculin	féminin	neutre	pluriel
nominatif	der gute Apfel	die gute Birne	das gute Brot	die guten Früchte
accusatif	den guten Apfel	die gute Birne	das gute Brot	die guten Früchte
datif	dem guten Apfel	der guten Birne	dem guten Brot	den guten Früchten

INDÉFINI				
	masculin	féminin	neutre	pluriel
nominatif	ein guter Apfel	eine gute Birne	ein gutes Brot	gute Früchte
accusatif	einen guten Apfel	eine gute Birne	ein gutes Brot	gute Früchte
datif	einem guten Apfel	einer guten Birne	einem guten Brot	guten Früchten

3

nominatif	ich	du	er	sie	es	wir	ihr	sie	Sie
accusatif	mich	dich	ihn	sie	es	uns	euch	sie	Sie
datif	mir	dir	ihm	ihr	ihm	uns	euch	ihnen	Ihnen

4 **a.** 4 **b.** 1 **c.** 7 **d.** 10 **e.** 2 **f.** 5 **g.** 9 **h.** 3 **i.** 6 **j.** 8

5 **a.** Milch, Brot, Honig, Käse **b.** Orange, Apfel **c.** Gemüse, Obst **d.** Fisch, Gemüse, Hamburger, Ketchup

6 **a.** nicht **b.** kein **c.** nicht **d.** keine

7 **a.** Er isst keine Äpfel. **b.** Er isst nicht. **c.** Er isst nicht viel. **d.** Er isst nicht zu Hause.

8 **a.** soll/sollte **b.** soll/sollte **c.** sollen/sollten **d.** sollt/solltet

9 **a.** mehr Sport machen/treiben **b.** früher ins Bett gehen **c.** ins Schwimmbad gehen **d.** mehr Obst essen

10 **a.** Ich empfehle dir, Milch zu trinken. **b.** Meine Mutter empfiehlt uns, Gemüse zu essen. **c.** Er empfiehlt uns, ins Schwimmbad zu gehen. **d.** Sie

SOLUTIONS

empfiehlt mir, früher ins Bett zu gehen. **e.** Meine Eltern empfehlen mir, weniger Zeit vor dem Computer zu verbringen.

11 a. 3 **b.** 7 **c.** 2 **d.** 6 **e.** 1 **f.** 5 **g.** 4

12 a. Wie lange **b.** Wie oft **c.** Um wie viel Uhr **d.** Wann

13 a. Montags, donnerstags und samstags. **b.** Anderthalb/Eineinhalb Stunden **c.** Von 4 Uhr bis halb sechs. **d.** Zweimal.

14 a. In Norddeutschland. **b.** Ein frisches Brötchen. **c.** Wiener Schnitzel. **d.** Kuchen. **e.** Raclette und Fondue. **f.** Weißwurst. **g.** Am Vormittag.

15 a. beliebt **b.** lecker **c.** bekannt **d.** bayerisch **e.** frisch

Module 3

1 a. der Computer (-) **b.** das Handy (s) **c.** der Fernseher (-) **d.** die Zeitung (en)

2 a. Nein, ich habe keinen. **b.** Ja, ich habe eins gekauft. **c.** Ja, wir haben einen. **d.** Nein danke, ich möchte keine.

3

	masculin	féminin	neutre	pluriel
nominatif	deinØ neuer Computer	deine neue Zeitung	deinØ neues Handy	deine neuen Handys
accusatif	deinen neuen Computer	deine neue Zeitung	deinØ neues Handy	deine neuen Handys
datif	deinem neuen Computer	deiner neuen Zeitung	deinem neuen Handy	deinen neuen Handys

4 a. mit deinem alten Computer **b.** Unser alter Fernseher **c.** ihr Smartphone **d.** Ihr Handy **e.** mit seinem neuen Computer

5 a. der Fernseher seiner Großeltern **b.** der Computer deines kleinen Bruders **c.** das neue Smartphone meiner kleinen Schwester.

6 a. Das ist Jonas' Computer. **b.** Annas Handy ist kaputt. **c.** Er kann Leos Computer haben.

7 a. le sport **b.** la musique **c.** le cinéma **d.** la mode **e.** la culture **g.** la politique **h.** nouvelles technologies

8 a. uns **b.** sich **c.** sich **d.** dich **e.** sich **f.** mich

9 a. Interessiert ihr euch für Politik? **b.** Tobias informiert sich über Politik. **c.** Sabine informiert sich nicht über Politik. **d.** Interessiert sich dein Bruder für Politik?

10 a. von **b.** über **c.** für **d.** über

11 a. Welcher **b.** Welche **c.** welchen **d.** Welches **e.** welches

12 a. 2 **b.** 1 **c.** 4 **d.** 3

13 a. Liest du die Nachrichten online. – Selten. **b.** Liest du Zeitung? – Nein, niemals. **c.** Siehst du fern? – Manchmal. **d.** Schaust du die Nachrichten im Fernsehen? – Niemals. **e.** Surfst du im Internet? – Sehr oft.

14 a. 50% (fünfzig Prozent) der Schüler sehen / Die Hälfte der Schüler sieht jeden Tag fern. **b.** 20% (zwanzig Prozent) der Schüler hören / Ein Fünftel der Schüler hört jeden Tag Radio.

15 a. Bildzeitung oder auch Bild genannt. **b.** Ein Kindermagazin. **c.** Wiener Zeitung **d.** Von Montag bis Samstag. **e.** Über verschiedene Themen unserer Welt. **f.** Am 8. (achten) August 1703.

Module 4

1 a. 2 **b.** 4 **c.** 5 **d.** 1 **e.** 6 **f.** 3

2 a. hat **b.** ist **c.** hat **d.** hat **e.** hat **f.** ist **g.** hat **h.** hat **i.** bin

3 a. beworben **b.** bekommen **c.** umgezogen **d.** angefangen **e.** verliebt **f.** zurückgekommen

4 sagen : ich sagte, du sagtest, wir sagten, sie/Sie sagten. **sehen** : du sahst, er/sie/es sah, wir sahen, sie/Sie sahen. **rufen** : du riefst, er/sie/es rief, wir riefen, sie/Sie riefen. **leben** : ich lebte, du lebtest, er/sie/es lebte, ihr lebtet.

5 a. er hatte **b.** wir wurden **c.** ihr hattet **d.** Sie waren **e.** du warst **f.** ich wurde

6 a. 4 **b.** 3 **c.** 5 **d.** 2 **e.** 1

7 a. er wollte **b.** ich sollte **c.** wir konnten **d.** ihr durftet **e.** du musstest **f.** Sie mochten

8 1. sein 2. haben 3. ansehen 4. sollen 5. schenken 6. wollen 7. heißen

9 a. 4 **b.** 7 **e.** 6 **f.** 2 **g.** 3 **h.** 5 **i.** 1

10 a. Westdeutschland, BRD **b.** Ostdeutschland, DDR

11 a. wurde… gebaut **b.** wurde… gegründet **c.** wurde… geöffnet

12 a. Am 9. (neunten) November 1989 (neunzehnhundertneunundachtzig) **b.** Am 21. (einundzwanzigsten) August 1963 (neunzehnhundertdreiundsechzig). **c.** Am 7. (siebten) Oktober 1949 (neunzehnhundertneunundvierzig).

13 a. Sie durften nur in Ostblockländer reisen: nach Ungarn, Polen, in die Tschechoslowakei. **b.** Es gab nur eine Partei, die SED. **c.** Sie kontrollierte alles: das Privat- und Familienleben, den Beruf, die Kultur, die Schule. Viele Menschen wurden verhaftet. **d.** Die Menschen waren solidarisch, alle hatten Arbeit und die Kinder und die Jugendlichen machten viel Sport.

SOLUTIONS

Module 5

1 a. Umwelt b. Erde c. Luft d. Wald e. Abgase f. Eisberg g. Müll h. Klima i. Tierart j. Temperatur

2 a. das Waldsterben b. die Umweltverschmutzung c. der Klimawandel d. der Umweltschutz e. die Luftqualität f. die Mülltrennung g. die Reinigungsaktion

3 a. Viele Tierarten sterben aus. b. Die Eisberge schmelzen. c. Die Abgase verschmutzen die Luft. d. Die Temperaturen steigen.

4 a. kleiner b. dreckiger c. mehr d. wärmer e. besser

5 a. das Meer b. die Wälder c. die Luft

6 a. am wenigsten b. am meisten c. am wärmsten d. am besten

7 am schlechtesten ; am meisten ; dreckiger ; wärmer ; am kältesten

8 die bessere Luftqualität, die beste Luftqualität ; der dreckigere Strand, der dreckigste Strand ; die höhere Temperatur, die höchste Temperatur ; den wärmeren Sommer, den wärmsten Sommer

9 a. schönsten b. größte c. heißeste

10 a. Es ist unsere Pflicht, die bedrohten Tierarten zu schützen. b. Es ist notwendig, die Erde zu retten. c. Es ist wichtig, die Umweltverschmutzung zu verhindern.

11 a. Er wird ein umweltfreundliches Auto kaufen. b. Sie werden eine Reinigungsaktion starten. c. Ihr werdet bedrohte Tierarten schützen. d. Du wirst viel Energie sparen.

12 a. Licht b. Tierarten c. Müll d. Wasserhahn e. Auto

13 a. 4 b. 3 c. 1 d. 2

14 a. Wenn das Wetter schön ist, nehmen wir das Fahrrad. b. Wenn ich einen Raum verlasse, mache ich das Licht aus. c. Wenn es warm ist, machen sie die Heizung aus. d. Wenn du früher ankommen willst, können wir mit dem Bus fahren.

15 a. wenn wir das Fenster aufmachen. b. wenn der Weg kurz ist. c. wenn er sich die Zähne putzt.

16 a. Macht bitte das Licht aus, b. Dreh bitte den Wasserhahn zu, c. Nehmt bitte das Fahrrad,

17 a. 3 b. 4 c. 1 d. 2

18 a. Der Müll wurde aus dem Fenster geworfen. b. Wegen des Gestanks und vor allem wegen der Pest. c. Die erste Mülltonne gab es anscheinend 1895 in Berlin. d. Es gibt 4 Mülltonnen in jedem Haushalt. e. Der Restmüll wird in die graue Mülltonne geworfen.

Module 6

1 a. Mofa-Führerschein b. Stipendium c. Riesenparty d. Surfbrett

2 a. wir könnten b. ihr würdet gehen c. ich wäre d. du hättest e. sie würden fahren f. er müsste g. ich dürfte h. ihr möchtet

3 a. Wenn wir Geld hätten, würden wir ein Pferd kaufen. b. Wenn wir am Meer wohnen würden, könnten wir segeln. c. Wir würden ein Segelboot kaufen, wenn wir am Meer wohnen würden. d. Wenn meine Eltern damit einverstanden wären, würde ich nach dem Abitur eine Weltreise machen. e. Ich dürfte eine Riesenparty machen, wenn ich bessere Noten hätte.

4 a. 3 b. 6 c. 4 d. 1 e. 2 f. 5

5 a. Wir würden am liebsten um die Welt segeln. b. Er würde lieber aus der Stratosphäre springen. c. Sie würden lieber einen Formel-Eins-Wagen fahren. d. Am liebsten würde ich den Mount Everest besteigen.

6 a. 4 b. 3 c. 1 d. 2

7 a. die auf dem Gipfel des Mount Everest stand. b. der im freien Fall die Schallmauer durchbrach. c. der den Südpol erreichte.

8 a. 7 b. 5 c. 4 d. 3 e. 2 f. 6 g. 1

9 a. 2 b. 4 c. 1 d. 3

10 a. Er kommt aus Österreich. b. Am 14. Oktober 2012 ist er durch seinen Stratosphärensprung weltberühmt geworden. c. Er ist aus einer Höhe von 38 969,4 Metern gesprungen. d. Der Sprung dauerte 4 Minuten und 19 Sekunden. e. Er erreichte eine Höchstgeschwindigkeit von 1 357,6 km/h. f. Der Amerikaner Alan Eustace hat am 25. Oktober 2014 Baumgartners Rekord gebrochen.

Module 7

1 **Masculins :** b. der Abend c. der Samstag d. der Dezember e. der Winter f. der Regen g. der Norden h. der Fernseher. **Féminins :** i. die Frau j. die Vier k. die Erde, die Bäckerei, die Lehrerin, die Übung. **Neutres :** l. das Baby m. das Mädchen n. das Blau o. das Französisch p. das B.

2 a. die Tische b. die Zimmer c. die Lehrerinnen d. die Noten e. die Bücher f. die Mauern

3 a. die Freundin b. der Bruder c. das Zimmer d. die Schwester e. die Stadt f. das Kind

4 a. dieses b. diese c. diesem d. dieses e. diesem f. diese g. dieser

5 a. 4 b. 2 c. 1 d. 3

SOLUTIONS

6 a. 3 b. 4 c. 1 d. 2

7 a. nach (D) b. aus (D) c. bei (D) d. um (A) e. ohne (A) f. mit (D) g. für (A) h. gegen (A) i. während (G) j. zu (D) k. durch (A)

8 a. 3 b. 4 c. 1 d. 5 e. 6 f. 2

9 a. ins b. in der c. auf der d. auf den e. vor dem

10 a. am b. an/zu c. nach d. um e. im

11 **ankommen** : er kommt an, ist angekommen, *arriver*. **bekommen** : er bekommt, hat bekommen, *recevoir*. **bleiben** : er bleibt, ist geblieben, *rester*. **erklären** : er erklärt, hat erklärt, *expliquer*. **essen** : er isst, hat gegessen, *manger*. **fahren** : er fährt, ist gefahren, *aller (avec un véhicule)/rouler/conduire*. **fernsehen** : er sieht fern, hat ferngesehen, *regarder la télé*. **finden** : er findet, hat gefunden, *trouver*. **fragen** : er fragt, hat gefragt, *demander*. **geben** : er gibt, hat gegeben, *donner*. **gehen** : er geht, ist gegangen, *aller*. **glauben** : er glaubt, hat geglaubt, *croire*. **helfen** : er hilft, hat geholfen, *aider*. **hören** : er hört, hat gehört, *entendre*. **kaufen** : er kauft, hat gekauft, *acheter*. **kommen** : er kommt, ist gekommen, *venir*. **lernen** : er lernt, hat gelernt, *apprendre*. **lesen** : er liest, hat gelesen, *lire*. **machen** : er macht, hat gemacht, *faire*. **nehmen** : er nimmt, hat genommen, *prendre*. **sagen** : er sagt, hat gesagt, *dire*. **schlafen** : er schläft, hat geschlafen, *dormir*. **sehen** : er sieht, hat gesehen, *voir*. **spielen** : er spielt, hat gespielt, *jouer*. **sprechen** : er spricht, hat gesprochen, *parler*. **suchen** : er sucht, hat gesucht, *chercher*. **trinken** : er trinkt, hat getrunken, *boire*. **verstehen** : er versteht, hat verstanden, *comprendre*. **wohnen** : er wohnt, hat gewohnt, *habiter*. **zeigen** : er zeigt, hat gezeigt, *montrer*.

12 **dürfen** : du darfst, er/sie/es darf, wir dürfen, sie/Sie dürfen. **wollen** : ich will, er/sie/es will, wir wollen, ihr wollt. **mögen** : ich mag, du magst, wir mögen, sie/Sie mögen. **müssen** : ich muss, er/sie/es muss, ihr müsst, sie/Sie müssen. **sollen** : du sollst, er/sie/es soll, ihr sollt, sie/Sie sollen.

13 a. 4 b. 6 c. 1 d. 2 e. 5 f. 3

14 **présent** : er/sie/es weiß, wir wissen, ihr wisst. **prétérit** : du wusstest, er/sie/es wusste, wir wussten, sie/Sie wussten.

15 a. lege b. sitzt c. stellen d. liege e. hängen

16 a. liegt b. steht c. setzen d. hängt

17 a. Morgen machen wir einen Ausflug. b. Er ist nach Berlin geflogen. c. Wenn ich 18 werde, mache ich eine Party. d. Anna geht nicht ins Kino, weil sie lernen muss.

18 a. aber b. oder c. denn

19 a. Als b. weil c. wenn d. dass e. damit

20 a. Woher b. Wie spät / Wie viel Uhr c. Warum d. Wie lange e. Nein f. Welche g. Wie h. Wen i. Mit wem j. Wie alt k. Was l. Ja

21 1. a 2. b 3. b 4. c 5. b 6. a 7. a 8. b 9. a 10. a 11. c

TABLEAU D'AUTOÉVALUATION

Bravo, tu es venu à bout de ce cahier ! Il est temps à présent de faire le point sur tes compétences et de comptabiliser les icônes afin de procéder à l'évaluation finale. Reporte le sous-total de chaque module dans les cases ci-dessous puis additionne-les afin d'obtenir le nombre final d'icônes dans chaque couleur et découvre tes résultats !

Module 0 ....
Module 1 ....
Module 2 ....
Module 3 ....
Module 4 ....
Module 5 ....
Module 6 ....
Module 7 ....

Total, tous modules confondus ....

Tu as obtenu une majorité de…

Super! *Super !*　　　　　　**Nicht schlecht!** *Pas mal !*　　　　**Noch einmal!** *Encore une fois !*
Tu t'en es très bien sorti,　　　Mais tu peux progresser　　　　　Reprends l'ensemble de
continue comme ça !　　　　　en refaisant les exercices　　　　　l'ouvrage en relisant bien
　　　　　　　　　　　　　　où tu as fait des erreurs.　　　　　les leçons avant de refaire
　　　　　　　　　　　　　　　　　　　　　　　　　　　　　　les exercices.

CRÉDITS ICONOGRAPHIQUES
Couverture : Anne-Sophie Peyer - **Intérieur :** Fotolia : marius1987 : 15; Sentavio : 4b, 63a, 63b, 66b. Shutterstock : Albachiaraa : 54a ; Aleksandar Karanov : 56h ; Aleutie : 93 ; Alexander Ryabintsev : 31hg ; Anastasia_B : 72h; angkrit : 16, 92g; ankomando : 22b, 24, 77, 81g ; AnutaBerg : 97 ; art.tkach : 73b ; AVA Bitter : 98 ; avian : 29, 82 ; Azaze11o : 50h, 57d ; beta757 : 111 ; bilha golan : 49h ; Blablo101 : 34g, 37b ; Borodatch : 74 ; Bplanet : 92b ; brgfx : 106h ; Bukhavets Mikhail : 13d ; Creatarka : 47 ; deviyanthi79 : 49b ; djdarkflower : 50 ; Dooder : 13c ; Elena Kazanskaya : 41d ; Ellegant : 66h ; Eucalyp : 55 ; Evgeniya Mokeeva : 41a ; Gaia Vetiveria : 66d ; Giraffarte : 95 ; graphic-line : 42h, 87 ; gst : 6h, 108h ; hand draw : 40b ; happymay : 80 ; Haryadi CH : 41c, 113d ; Iconic Bestiary : 30b, 31m, 81d ; in_dies_magis : 67b, 70 ; Incomible : 6b, 42b, 63d, 64b, 78b, 98h, 99 ; inithings : 66 ; jesadaphorn : 8, 27, 34h ; Julia Tim : 92m ; justone : 52h, 57bg ; Kanate : 50 ; karawan : 113a,b,c ; kmlmtz66 : 79 ; Lavandaart : 59, 60 ; LineTale : 11h ; Ljudmila Gluzdovskaja : 89 ; Luisa Venturoli : 13b ; Macrovector : 13a, 26a, 32, 61, 63c, 65h, 67h, 69h, 84h, 84c, 101, 105d, 110, 114 ; MANGA MEDIA : 84a,d ; Margarita Levina : 11d ; Mascha Tace : 45, 84b ; Meilun : 33 ; mhatzapa : 39 ; MSSA : 21 ; Naschy : 40h ; Naty_Lee : 25 ; Neti.OneLove : 51 ; Nikita Chisnikov : 73h ; NotionPic : 41h ; Olga_draw : 66c ; Olga1818 : 5m, 7, 9, 12h, 17, 22h, 26b, 28, 30h, 36, 37h, 50bg, 69b, 72b, 92c, 94, 96, 102 ; Orion-v : 48 ; OSIPOVEV : 105g ; Padma Sanjaya : 3, 23 ; PODIS : 88 ; Red monkey : 20 ; RedlineVector : 63h, 106b ; robuart : 112 ; sayhmog : 116 ; Sentavio : 54c ; Sibiryanka : 68b ; skyclick : 50, 75, 85 ; Smart Design : 83 ; Spreadthesign : 91, 103 ; Studio_G : 63f ; Studio888 : 109 ; sub job : 12g ; Supermint : 5d ; Tanya_Knyazeva : 68h ; Tiax : 100 ; tn-prints : 92d ; Tomacco : 43h, 113 ; TotemArt : 56b, 57 ; toyotoyo : 34h ; Vector Bakery : 4h, 92a ; venimo : 66a ; Verkhozina Ekaterina : 64h ; Visual Generation : 53, 54b, 65m ; What's My Name : 14 ; wongstock : 52b ; world of vector : 63e ; Zentangle : 117. DR : 50, 62, 108b.

Mise en pages : Élodie Bourgeois pour Lunedit
Réalisation : Lunedit
© 2019 Assimil

Dépôt légal : mai 2019
N° d'édition : 3856
ISBN : 978-2-7005-0802-4
www.assimil.com
Imprimé en mai 2019 chez DZS, Slovénie